Mijoteuse santé

Ross Dobson

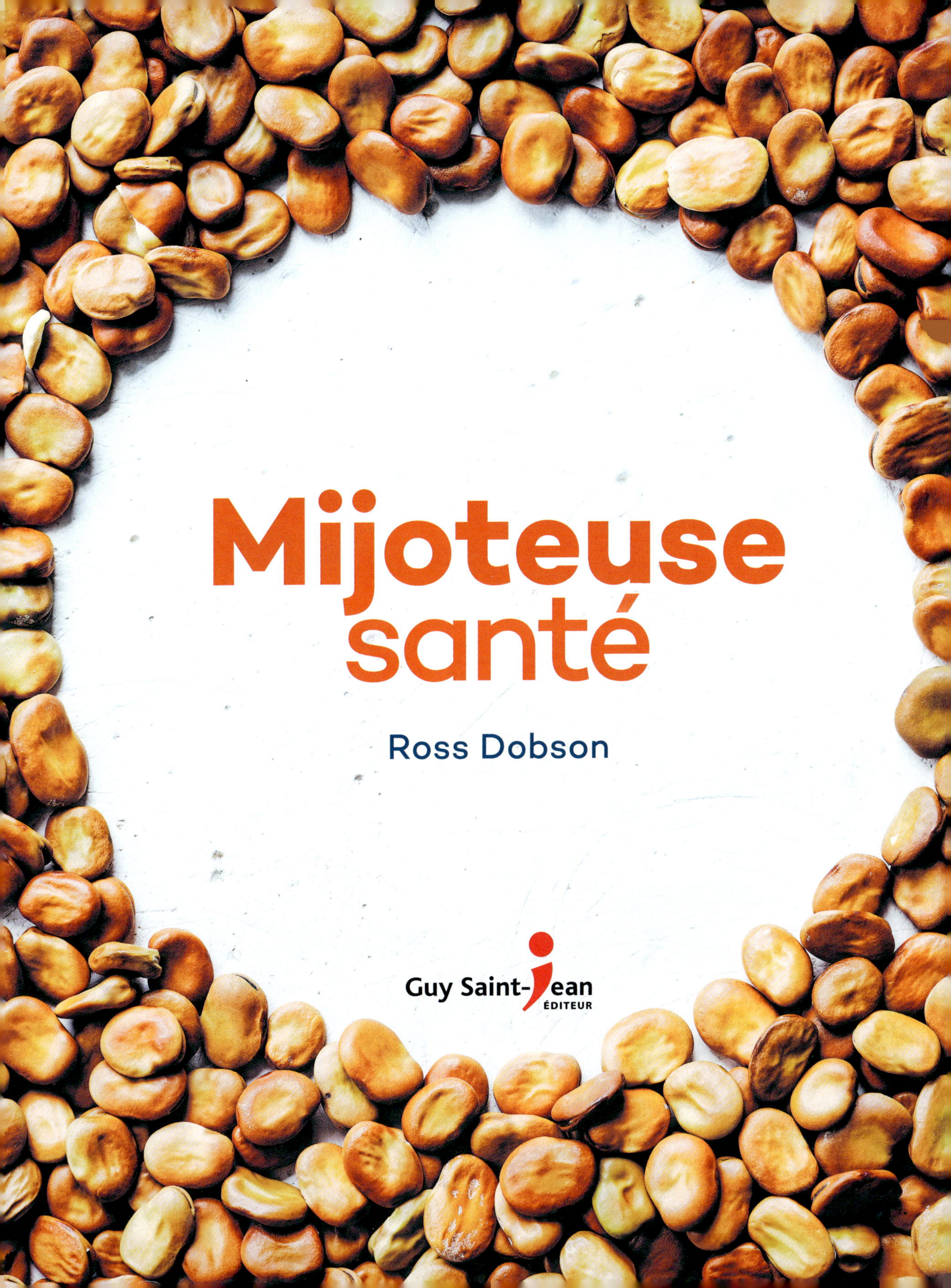

Mijoteuse santé

Ross Dobson

Guy Saint-Jean
ÉDITEUR

Table des matières

Les avantages de la cuisson à la mijoteuse

Pendant de nombreuses années, j'ai tenu un café-restaurant très fréquenté. La mijoteuse fonctionnait à longueur d'année dans un recoin de la cuisine. J'y mettais chaque jour quelques poignées de haricots secs, une touche de moutarde, de la cassonade et un peu de porc fumé. Pendant la nuit, ces ingrédients tout simples se transformaient comme par magie en délicieuses fèves au lard prêtes à temps pour le petit-déjeuner.

Cette mijoteuse était aussi le récipient de cuisson idéal pour pocher doucement le poulet, que je coupais ensuite en tranches pour le servir sur un lit de légumes printaniers rehaussés de vinaigrette aux fines herbes. Elle servait aussi à cuire les légumes à la perfection dans la sauce tomate parfumée qui allait servir de base au tajine marocain.

Au début de la saison froide, la mijoteuse était réservée à la préparation de soupes et de caris qui répandaient leurs arômes irrésistibles. J'ai découvert que la mijoteuse était idéale pour conserver la purée de panais au chaud pendant que je faisais mijoter doucement un filet de bœuf dans le vin rouge dans une autre. Chaque fois, je réalisais que cet appareil était le plus utile qui soit en plus de me faire économiser beaucoup de temps.

Les superbes mijotés maison

À la maison, ma mijoteuse ne sert pas qu'à garder les plats au chaud. Je l'utilise pour préparer des repas santé remplis de saveur. Pour moi, le mot « santé » n'est pas synonyme d'aliments fades ou à la mode. J'aime découvrir des cuisines et des saveurs authentiques. J'adore la fraîcheur de la cuisine asiatique, ses bouillons légers, ses épices, ses fines herbes et ses saveurs franches et piquantes. Je suis aussi inspiré par la cuisine indienne, son goût puissant et ses mélanges d'épices complexes.

La mijoteuse est idéale pour ce genre de préparations. Et que dire des mélanges exquis de légumineuses et de légumes typiques du Moyen-Orient ou encore des tajines et ragoûts de l'Afrique du Nord! Les traditions culinaires de ces différents pays sont tout indiquées pour la mijoteuse.

En plus d'être bons pour la santé, la plupart des plats que je prépare à l'aide de ma mijoteuse sont souvent végétariens, végétaliens ou sans gluten, et ce, sans que j'aie besoin de faire d'efforts particuliers.

Les bons ingrédients

Au moment de choisir les ingrédients, j'opte pour la simplicité et le sens pratique. Mais ne vous y trompez pas – j'apprécie le goût d'un gigot d'agneau rôti au four, car une grande partie du gras est ainsi éliminée, ce qui n'est pas le cas avec la mijoteuse. Quand je cuisine de la viande, je prends donc toujours soin d'enlever le surplus de gras avant de la faire cuire.

Les fromages, surtout la ricotta et le féta crémeux, ajoutent une belle onctuosité aux plats, mais mon préféré est le parmesan à cause de sa saveur umami qui ajoute toujours une belle touche finale aux préparations. Quant aux poissons et aux fruits de mer, ils devraient faire partie de vos aliments de choix pour la mijoteuse, surtout quand vous souhaitez faire un repas un peu plus spécial. La douce chaleur permet de les pocher et de les cuire à la vapeur à la perfection sans risquer de rater la recette.

Mon garde-manger est rempli des ingrédients indispensables à ceux qui ont une mijoteuse: tomates et légumineuses en conserve, pâtes et nouilles sèches, sauces soya et tamari, fumet et sauce de poisson, moutarde et fécule de maïs (on trouve des versions sans gluten de tous ces produits). Certaines recettes demandent que l'on prépare une pâte de cari, mais vous pouvez vous en procurer d'excellentes à l'épicerie si vous manquez de temps. Mon réfrigérateur regorge de fines herbes et de légumes (dont les magnifiques légumes-feuilles). Les tomates juteuses et les concombres croustillants ajoutent de la fraîcheur et du croquant à plusieurs mets. Les épinards, la roquette, les échalotes et les herbes tendres, comme la coriandre et le persil, peuvent être incorporés à diverses préparations ou ajoutés en fin de cuisson.

Choisir sa mijoteuse

La mijoteuse est un appareil qui cuit lentement les aliments à faible température. Elle est composée de trois parties: premièrement, le caisson métallique qui comporte l'élément chauffant, le fil électrique et les boutons de réglage (minuterie). Deuxièmement, la cocotte dans laquelle nous mettons les aliments, et enfin, le couvercle.

Il est important de bien s'informer avant d'acheter: consultez les sites Web des bonnes entreprises. La grosseur de l'appareil a aussi son importance. Vous pouvez évidemment utiliser une mijoteuse de 6 litres pour préparer 2 litres de soupe, mais pas l'inverse. Assurez-vous que la cocotte est solide et faite en céramique (contrairement au métal, ce matériau maintient une chaleur stable). Le couvercle doit être en verre afin de pouvoir jeter un coup d'œil sur le contenu de temps à autre. Vous n'avez besoin que des touches «Low/Bas» et «High/Haut» pour le réglage de la température. Un de mes appareils a une touche «Auto» dont je ne me sers jamais. Dans ce livre, je parle uniquement de faible intensité et d'intensité élevée pour faciliter les choses. Comme je n'ai pas de recettes utilisant des coupes de viande grasses et compactes qui requièrent une journée entière de cuisson, j'utilise assez souvent l'intensité élevée.

L'abc de la cuisson à la mijoteuse

La plupart du temps, pour avoir une longueur d'avance, j'allume la mijoteuse dès que je commence à cuisiner. La cocotte de l'appareil est généralement en céramique lourde et épaisse qui absorbe la chaleur de tout ce que l'on y met et favorise une cuisson lente.

Soulever le couvercle ?

Jamais ! À moins que la recette ne l'exige, ne soulevez pas le couvercle pour jeter un coup d'œil dans la cocotte. Si vous le faites, vous verrez la chaleur s'échapper sous forme de vapeur, ce qui pourrait vous obliger à augmenter le temps de cuisson. Cela étant dit, certaines recettes demandent que l'on remue les aliments environ une heure avant la fin de la cuisson, mais ne vous inquiétez pas si vous n'êtes pas chez vous pour le faire. Après tout, l'un des grands avantages de la mijoteuse est que l'on peut quitter la maison sans souci ! Votre plat ne sera pas raté pour autant puisque la mijoteuse préservera sa chaleur. Une fois de retour chez vous, si la cuisson est terminée, éteignez l'appareil et laissez le couvercle en place jusqu'au moment du repas. Mélangez bien la préparation en raclant les parois de la cocotte, car c'est souvent là que se trouvent les bouchées les plus savoureuses…

Si une recette indique de remuer les ingrédients à mi-cuisson, procédez rapidement après avoir soulevé le couvercle afin d'éviter la perte de chaleur. Ayez déjà votre cuillère à la main pour ne pas perdre une seconde !

Rehausser la saveur des aliments

Quand vous utilisez votre four ou votre cuisinière, la chaleur et la vapeur s'échappent naturellement en cours de cuisson. Cette évaporation d'eau continue concentre et intensifie les saveurs. Dans une mijoteuse, l'eau reste dans la cocotte, car elle n'a nulle part où aller. Les légumes et la viande renferment parfois une quantité d'eau impressionnante et pourraient se transformer en bouillie aqueuse dans la mijoteuse. Pour prévenir cela, il suffit d'ajouter un tout petit peu d'eau, de bouillon ou d'un autre liquide, sans plus.

Une bonne façon de rehausser les saveurs sans ajouter de liquide supplémentaire est d'employer des ingrédients au goût prononcé : bouillon en poudre, sauce soya, sauce de poisson, sel, poivre et une multitude d'épices. Voilà pourquoi nous utilisons abondamment ces divers ingrédients dans ce livre. Tout devient meilleur grâce à eux !

Moins de vaisselle !

Vous avez sûrement déjà lu des recettes qui recommandent de vaporiser ou de badigeonner la cocotte d'huile avant la cuisson pour empêcher les aliments de coller et faciliter le nettoyage. Ce truc est efficace si l'on cuisine des viandes grasses, car les protéines et les gras se caramélisent au fond. Mais cette étape n'est pas nécessaire pour mes recettes, puisque je n'utilise que des coupes maigres. Et pour les recettes sans viande, il est inutile de vaporiser la cocotte d'huile.

Pour laver la cocotte, remplissez-la d'eau chaude savonneuse et laissez-la tremper pendant quelques heures au besoin. Pour les taches tenaces, mettez simplement un peu de poudre pour lave-vaisselle dans l'eau.

Congélation et réchauffage des aliments

La plupart des cocottes en céramique des mijoteuses peuvent être mises au congélateur. Mettez d'abord la cocotte contenant les aliments au réfrigérateur pour les refroidir, puis ôtez le couvercle et remplacez-le par de la pellicule de plastique avant de mettre le plat au congélateur. Le moment venu, faites décongeler les aliments au réfrigérateur avant de les remettre dans la mijoteuse. Et, bien sûr, ne congelez ou ne réchauffez jamais un plat plus d'une fois.

Repas épatants du dimanche

* végétarien

Chakchouka

Il est recommandé de servir ce plat tout-en-un avec du pain grillé afin de ne pas perdre une seule goutte du jaune d'œuf coulant et de la délicieuse sauce tomate.

4 portions

—

Préparation: **15 minutes**

—

Cuisson: **environ 3 ½ heures**

4 c. à thé d'huile d'olive
1 gros oignon rouge, en quartiers fins
2 gousses d'ail, hachées
4 c. à thé de paprika doux
2 c. à thé de graines de cumin
400 g (1 ⅔ tasse) de tomates broyées en conserve
400 g (1 ⅔ tasse) de tomates cerises en conserve
180 g (1 tasse) de poivron rouge grillé, en lanières
2 ½ c. à soupe de pâte de tomates
4 œufs
1 grosse poignée de feuilles de persil plat
1 grosse poignée de feuilles de menthe
Sel et poivre du moulin
Pain grillé

1. Régler la mijoteuse à intensité élevée.

2. Chauffer l'huile d'olive dans une casserole à feu vif. Faire revenir l'oignon avec l'ail quelques minutes pour l'attendrir. Ajouter le paprika et le cumin et cuire 1 minute. Ajouter toutes les tomates, le poivron et la pâte de tomates en remuant. Saler et poivrer généreusement. Verser le contenu de la casserole dans la cocotte de la mijoteuse. Couvrir et cuire pendant 3 heures, jusqu'à ce que la sauce soit plus épaisse et bouillonne sur le pourtour de la cocotte.

3. En procédant rapidement pour ne pas laisser la chaleur s'échapper, faire quatre puits dans la sauce (assez grands pour contenir les œufs). Casser un œuf dans une petite tasse, puis le verser dans un des puits. Faire de même avec les autres œufs.

4. Couvrir et cuire de 20 à 30 minutes, jusqu'à ce que les blancs d'œufs soient pris et que les jaunes soient encore coulants. (Pour faire durcir les jaunes, prolonger un peu la cuisson.) Garnir de fines herbes et accompagner de pain grillé.

Mijoté de légumes aux vermicelles

Le dashi est un bouillon d'algues et de poisson utilisé abondamment dans la cuisine japonaise. La sauce soya et le tamari sont composés de fèves soya fermentées, mais ce dernier ne contient généralement pas de gluten. Les ingrédients de la cuisine asiatique utilisés dans cette recette sont vendus dans les magasins d'alimentation naturelle et certaines épiceries.

4 portions

—

Préparation: **15 minutes**

—

Cuisson: **environ 3 heures**

100 g (3 ½ oz) de vermicelles de riz
½ petit daïkon (radis blanc), pelé
2 petites carottes, en tranches
8 champignons shitakés frais
20 g (⅓ de tasse) de champignons oreilles-de-Judas séchés
2 litres (8 tasses) de bouillon de légumes
2 ½ c. à soupe de dashi en poudre
4 c. à thé de tamari sans gluten
4 c. à thé de pâte de miso blanc
4 c. à thé de mirin
100 g (1 ½ tasse) de feuilles de chou frisé (*kale*) miniature

1. Mettre les vermicelles dans un bol résistant à la chaleur et les couvrir entièrement d'eau bouillante. Laisser reposer environ 10 minutes pour les attendrir. Égoutter et réserver.

2. Régler la mijoteuse à intensité élevée.

3. Couper le daïkon en deux sur la longueur. Couper chaque moitié en deux sur la longueur, puis les trancher finement. Mettre le daïkon, les carottes et tous les champignons dans la cocotte de la mijoteuse.

4. Dans un bol, mélanger le bouillon, le dashi, le tamari, le miso et le mirin. Verser dans la cocotte. Couvrir et cuire pendant 2 ½ heures, jusqu'à ce que tous les légumes soient tendres.

5. Déposer rapidement les vermicelles dans la cocotte sans remuer. Couvrir et cuire de 20 à 30 minutes pour les réchauffer.

6. Répartir les vermicelles dans des bols, puis ajouter le bouillon et les légumes. Ajouter le chou et le mélanger avec le bouillon à l'aide de baguettes.

* végétarien * sans gluten

Nachos aux lentilles brunes et aux haricots noirs

Gardez toujours une ou deux boîtes de lentilles et de haricots dans votre garde-manger afin de pouvoir préparer en un tournemain cette recette sans prétention. Ce plat est beaucoup plus sain que les nachos trop souvent garnis d'ingrédients trop gras ou trop salés.

4 portions

—

Préparation: **15 minutes**

—

Cuisson: **2 ½ heures**

---

400 g (2 ⅓ tasses) de haricots noirs en conserve

400 g (2 tasses) de lentilles brunes en conserve

400 g (1 ⅔ tasse) de tomates hachées en conserve

2 ½ c. à soupe de jalapeno mariné, en tranches

1 petit oignon rouge, haché finement

2 c. à thé de graines de cumin moulu

1 c. à thé de paprika fumé

½ c. à thé d'assaisonnement au chili

4 poignées de nachos (chips de maïs) sans gluten

100 g (⅔ de tasse) de féta ferme, râpé finement

1 poignée de feuilles de coriandre

Sel et poivre du moulin

1. Régler la mijoteuse à intensité élevée.

2. Rincer les haricots et les lentilles à l'eau froide dans une passoire en les séparant avec les mains. Égoutter avec soin et déposer dans la cocotte de la mijoteuse.

3. Ajouter les tomates, le jalapeno, l'oignon, le cumin, le paprika et l'assaisonnement au chili. Saler et poivrer généreusement, puis mélanger avec soin. Couvrir et cuire pendant 2 heures.

4. Mélanger rapidement pour ne pas laisser la chaleur s'échapper. Couvrir et cuire pendant 30 minutes.

5. Entre-temps, préchauffer le four à 160 °C (320 °F) et tapisser une plaque de papier-parchemin. Disperser les nachos sur la plaque et les réchauffer au four de 8 à 10 minutes.

6. Verser la préparation sur les nachos dès leur sortie du four. Parsemer de féta et de coriandre.

* sans gluten

Chili au bœuf et aux haricots rouges

On peut aussi faire cette recette avec du bœuf haché, mais elle est encore meilleure avec des cubes de la grosseur d'une bouchée que l'on coupe soi-même. Le bifteck de palette conserve sa forme et sa tendreté pendant toute la durée de la cuisson. Votre boucher se fera un plaisir de le couper en morceaux pour vous au besoin.

4 portions

—

Préparation: **20 minutes**

—

Cuisson: **environ 4 heures**

750 g (1 lb 10 oz) de bifteck de palette, en morceaux

2 ½ c. à soupe de fécule de maïs

400 g (2 ⅓ tasses) de haricots rouges en conserve, rincés et égouttés

400 g (1 ⅔ tasse) de tomates broyées en conserve

125 ml (½ tasse) de bouillon de bœuf

2 ½ c. à soupe de sauce chipotle

2 gousses d'ail, broyées

2 c. à thé de cumin moulu

2 c. à thé de paprika fumé

½ c. à thé d'assaisonnement au chili

1 c. à thé de gingembre moulu

1 poignée de coriandre, hachée grossièrement

Sel et poivre du moulin

Riz brun, cuit

250 ml (1 tasse) de yogourt nature

1. Régler la mijoteuse à intensité élevée.

2. Mettre la viande dans un bol. Saupoudrer de fécule de maïs, puis saler et poivrer généreusement. Remuer avec soin, puis déposer dans la cocotte de la mijoteuse. Couvrir la viande de haricots.

3. Mettre les tomates dans le même bol utilisé pour la viande. Ajouter le bouillon, la sauce chipotle, l'ail, le cumin, le paprika, l'assaisonnement au chili et le gingembre, puis verser dans la cocotte. Couvrir et cuire pendant 4 heures, jusqu'à ce que la viande soit très tendre.

4. Garnir de coriandre. Servir le chili dans des bols, sur un lit de riz. Déposer une grosse cuillerée de yogourt sur chaque portion.

Poulet au paprika et spaghettis

La combinaison de poulet, de paprika fumé et de citron crée un équilibre de saveurs absolument remarquable! Du grand art!

4 portions

—

Préparation: **20 minutes**

—

Cuisson: **3 ½ heures**

4 c. à thé d'huile d'olive extra vierge

400 g (1 ⅔ tasse) de tomates broyées en conserve

125 ml (½ tasse) de bouillon de poulet

2 gousses d'ail, hachées

1 oignon rouge, en tranches fines

90 g (½ tasse) de poivron rouge grillé, en lanières

2 c. à thé de cumin moulu

2 c. à thé de paprika fumé

1 poignée de persil plat, haché finement

6 hauts de cuisse de poulet désossés et sans peau

100 g (3 ½ oz) de spaghettis sans gluten, cassés en gros morceaux

4 poignées de jeunes épinards

Sel et poivre du moulin

Quartiers de citron

1. Régler la mijoteuse à intensité élevée.

2. Dans la cocotte de la mijoteuse, mélanger l'huile d'olive, les tomates, le bouillon, l'ail, l'oignon, le poivron, le cumin, le paprika et la moitié du persil. Saler et poivrer généreusement. Couvrir et cuire pendant 2 heures.

3. Entre-temps, retirer et jeter le gras de la volaille. Couper les hauts de cuisse en deux et réserver au réfrigérateur.

4. Mettre rapidement le poulet dans la cocotte pour ne pas laisser la chaleur s'échapper et le couvrir entièrement de sauce. Couvrir et cuire pendant 1 heure, jusqu'à ce qu'il soit cuit à la perfection.

5. Ajouter rapidement les pâtes en remuant. Couvrir et cuire pendant 30 minutes, jusqu'à ce qu'elles soient tendres.

6. Répartir les épinards dans des bols. Ajouter le poulet et les pâtes. Parsemer du reste du persil et accompagner de quartiers de citron.

Poulet mariné au yogourt, pois chiches et chou-fleur

Les feuilles de fenugrec ont un goût légèrement amer. On peut s'en procurer dans les épiceries spécialisées dans les produits de l'Inde et du Moyen-Orient. Ne vous privez toutefois pas de faire cette recette si vous n'en avez pas, car le goût sera tout aussi délicieux.

4 portions

—

Préparation: **20 minutes**

—

Cuisson: **4 heures**

1 petit chou-fleur entier (tiges et feuilles intactes)
400 g (2 tasses) de pois chiches en conserve, rincés et égouttés
2 ½ c. à soupe d'huile d'olive extra vierge
2 ½ c. à soupe de jus de citron
1 c. à thé de sel marin fin
¼ de c. à thé de poivre blanc moulu
125 ml (½ tasse) de yogourt nature
1 c. à thé de cumin moulu
1 c. à thé de garam masala
1 c. à thé de feuilles de fenugrec séchées
2 gousses d'ail, hachées finement
1 morceau de gingembre de 3 cm (1 ¼ po), râpé finement
8 filets de poulet
1 c. à thé de paprika fumé
1 poignée de feuilles de persil plat
Sel et poivre du moulin

1. Régler la mijoteuse à intensité élevée.

2. Retirer quelques-unes des feuilles extérieures du chou-fleur et les utiliser pour tapisser le fond de la cocotte de la mijoteuse.

3. Séparer le chou-fleur en gros bouquets, puis le déposer dans la cocotte avec les pois chiches.

4. Dans un petit bol, mélanger l'huile d'olive, le jus de citron, le sel marin et le poivre blanc. Verser dans la cocotte. Couvrir et cuire pendant 3 heures, jusqu'à ce que le chou-fleur soit tendre.

5. Entre-temps, dans un grand bol, mélanger le yogourt, le cumin, le garam masala, le fenugrec, l'ail et le gingembre. Saler et poivrer généreusement. Ajouter le poulet et bien l'enrober de marinade. Couvrir et réserver au réfrigérateur pas plus de 3 heures.

6. Mettre le poulet et la marinade dans la cocotte, puis ajouter le paprika. Couvrir et cuire pendant 1 heure, jusqu'à ce que le poulet soit cuit à la perfection.

7. Servir dans des bols, y compris les feuilles de chou-fleur, et garnir de persil.

* végétarien * sans gluten

Casserole antillaise de poulet, de courge et de maïs

La cuisine antillaise utilise souvent un mélange de sauce Worcestershire, de piment de la Jamaïque et de piment de Cayenne. La sauce soya ne fait pas partie des ingrédients traditionnels de cette région du monde, mais on en ajoute un peu dans ce plat pour lui donner une couleur encore plus appétissante.

4 portions

Préparation: **25 minutes**

Cuisson: environ **3 heures**

4 c. à thé d'huile d'olive
1 oignon rouge, en tranches fines
2 gousses d'ail, hachées finement
½ c. à thé de piment de la Jamaïque
1 c. à thé de gingembre moulu
½ c. à thé de piment de Cayenne
2 ½ c. à soupe de cassonade
4 c. à thé de sauce Worcestershire
1 c. à thé de sauce soya foncée
400 g (1 ⅔ tasse) de tomates broyées en conserve
4 c. à soupe de bouillon de légumes
2 c. à thé de fécule de maïs
500 g (3 ½ tasses) de courge à chair orange non pelée, en morceaux de 5 cm (2 po)
150 g (1 tasse) de grains de maïs surgelés
4 hauts de cuisse de poulet désossés et sans peau
Riz basmati blanc, cuit
Quartiers de lime

1. Régler la mijoteuse à intensité élevée.

2. Chauffer l'huile d'olive dans une poêle à feu vif. Faire revenir l'oignon avec l'ail quelques minutes pour l'attendrir. Ajouter le piment de la Jamaïque, le gingembre et le piment de Cayenne. Cuire 1 minute, puis retirer du feu. Incorporer la cassonade, la sauce Worcestershire, la sauce soya, les tomates, le bouillon et la fécule de maïs. Verser la préparation dans la cocotte de la mijoteuse, puis ajouter la courge et le maïs.

3. Retirer et jeter le gras de la volaille. Couper les hauts de cuisse en deux et les déposer dans la cocotte en les couvrant entièrement de sauce. Couvrir et cuire pendant 2 heures.

4. Remuer et remettre rapidement le couvercle pour ne pas laisser la chaleur s'échapper. Cuire pendant 1 heure, jusqu'à ce que le poulet soit cuit à la perfection et que la courge soit tendre.

5. Servir dans des bols, sur un lit de riz. Accompagner de quartiers de lime.

Soupe épicée aux légumineuses

Cette spécialité du Maroc, appelée *harira*, est l'une des meilleures soupes-repas sans gluten. Si vous préférez la recette originale à base de viande, ajoutez 300 g (10 oz) d'agneau maigre coupé en dés dans la cocotte de la mijoteuse en même temps que les lentilles et les pois chiches. Le temps de cuisson sera le même. Pour une variante végétalienne, omettez simplement le yogourt.

4 portions

Préparation: **20 minutes**

Cuisson: **2 ½ heures**

1 gros oignon rouge, haché finement
2 gousses d'ail, broyées
2 c. à thé de cumin moulu
2 c. à thé de paprika doux
2 c. à thé de gingembre moulu
½ c. à thé d'assaisonnement au chili
½ c. à thé de poivre noir moulu
1 bâton de cannelle
110 g (½ tasse) de lentilles brunes
100 g (½ tasse) de lentilles rouges (corail)
400 g (2 tasses) de pois chiches en conserve, rincés et égouttés
400 g (1 ⅔ tasse) de tomates broyées en conserve
500 ml (2 tasses) de bouillon de légumes
125 g (1 ¼ tasse) de cheveux d'ange sans gluten, cassés grossièrement
125 ml (½ tasse) de yogourt nature
100 g (3 ½ tasses) de feuilles de chou frisé (*kale*) miniature
2 ½ c. à soupe d'huile d'olive extra vierge
Sel
Quartiers de citron

1. Régler la mijoteuse à intensité élevée.

2. Mettre l'oignon, l'ail, le cumin, le paprika, le gingembre, l'assaisonnement au chili, le poivre, la cannelle, les lentilles brunes et rouges, les pois chiches, les tomates et le bouillon dans la cocotte de la mijoteuse. Saler généreusement et bien mélanger. Couvrir et cuire pendant 2 heures.

3. Ajouter rapidement les cheveux d'ange dans la sauce en remuant. Couvrir et cuire pendant 30 minutes pour les attendrir.

4. Verser la soupe dans de grands bols et ajouter une grosse cuillerée de yogourt dans chacun. Garnir de chou et ajouter quelques gouttes d'huile d'olive. Accompagner de quartiers de citron.

* végétarien * sans gluten

Haricots noirs au cumin

Cette recette s'inspire du *foul*, une spécialité du Moyen-Orient préparée traditionnellement avec des gourganes que nous remplaçons ici par des haricots noirs. Le cumin est toutefois toujours à l'honneur! Ces ingrédients tout simples et savamment mijotés dégagent des arômes exquis.

4 portions

—

Préparation: **15 minutes**

—

Cuisson: **3 heures**

800 g (4 ⅔ tasses) de haricots noirs en conserve, rincés et égouttés

400 g (1 ⅔ tasse) de tomates broyées en conserve

4 c. à thé de cumin moulu

1 c. à thé d'assaisonnement au chili

1 c. à thé de sel marin fin

4 gousses d'ail, broyées

1 poignée de persil plat, haché finement

250 ml (1 tasse) d'eau

4 œufs cuits durs, en tranches

1 poignée de feuilles de coriandre

2 c. à thé de graines de sésame, grillées

4 c. à thé d'huile d'olive extra vierge

1. Régler la mijoteuse à intensité élevée.

2. Mettre les haricots dans la cocotte de la mijoteuse. Ajouter les tomates, le cumin, l'assaisonnement au chili, le sel, l'ail, le persil et l'eau en mélangeant avec soin. Couvrir et cuire pendant 2 heures.

3. Remuer et remettre rapidement le couvercle pour ne pas laisser la chaleur s'échapper. Cuire pendant 1 heure, jusqu'à ce que la sauce soit plus épaisse.

4. Servir les haricots dans des bols. Garnir de tranches d'œufs et de coriandre. Parsemer de graines de sésame et ajouter quelques gouttes d'huile d'olive.

* sans gluten

Poulet du dimanche soir

La mijoteuse permet de préparer un plat de poulet maigre et savoureux en un tournemain. Pour colorer légèrement la volaille, on doit la saisir rapidement à la poêle dans un peu d'huile d'olive avant de la déposer dans la cocotte de la mijoteuse, mais cette étape est facultative.

4 portions

—

Préparation: **20 minutes**

—

Cuisson: **3 heures**

1 panais, en morceaux
4 pommes de terre à chair ferme, brossées et coupées en tranches sur la longueur
2 carottes, en fins bâtonnets
2 gousses d'ail, écrasées avec le plat de la lame d'un couteau
4 c. à thé de jus de citron
2 ½ c. à soupe d'huile d'olive
4 petits filets de poitrine de poulet
150 g (1 tasse) de petits pois surgelés
1 poignée de persil plat, haché finement
1 petite poignée de feuilles d'estragon
Sel et poivre du moulin

1. Régler la mijoteuse à intensité élevée.

2. Mettre le panais, les pommes de terre, les carottes et l'ail dans la cocotte de la mijoteuse. Saler et poivrer généreusement. Ajouter le jus de citron et 4 c. à thé d'huile d'olive. Couvrir et cuire pendant 2 heures.

3. Vers la fin de la cuisson, saler et poivrer généreusement la volaille de chaque côté. Chauffer le reste de l'huile d'olive dans une poêle à feu vif. Saisir le poulet 2 minutes de chaque côté pour le colorer légèrement.

4. Déposer rapidement la volaille sur les légumes-racines pour ne pas laisser la chaleur s'échapper. Ajouter les pois et les fines herbes. Couvrir et cuire pendant 1 heure, jusqu'à ce que le poulet soit cuit à la perfection et que les légumes soient tendres.

5. Servir le poulet et les légumes dans des assiettes, puis arroser de jus de cuisson.

Gigot d'agneau à l'origan et à la menthe

Il est important de saisir le gigot d'agneau à la poêle avant de le faire cuire à la mijoteuse. Cette étape permet d'éliminer une partie du gras en plus de donner une coloration appétissante à la viande. On le dépose ensuite sur un lit de légumes et le tour est joué!

4 portions

—

Préparation: **20 minutes**

—

Cuisson: **environ 4 heures**

½ gigot d'agneau
4 c. à thé d'huile d'olive
4 c. à thé d'origan séché
4 c. à thé de menthe séchée
2 c. à thé de flocons de piment
8 petites pommes de terre à chair ferme
1 botte de carottes nantaises, parée
2 ½ c. à soupe de jus de citron
150 g (1 tasse) de petits pois surgelés
1 grosse poignée de haricots verts, parés
1 poignée de persil plat, haché finement
Sel et poivre du moulin

1. Régler la mijoteuse à intensité élevée.

2. Frotter le gigot d'agneau avec l'huile d'olive. Saler et poivrer généreusement sur toutes les faces.

3. Chauffer une grande poêle à feu vif jusqu'à ce qu'elle soit très chaude. Saisir le gigot de 8 à 10 minutes, jusqu'à ce qu'il soit doré sur toutes les faces. Laisser refroidir sur une planche à découper, puis le frotter uniformément avec l'origan, la menthe et les flocons de piment.

4. Mettre les pommes de terre et les carottes dans la cocotte de la mijoteuse. Déposer le gigot sur le lit de légumes et l'arroser de jus de citron. Couvrir et cuire pendant 3 heures.

5. Disperser rapidement les petits pois et les haricots autour de la viande pour ne pas laisser la chaleur s'échapper. Couvrir et cuire pendant 1 heure, jusqu'à ce que l'agneau soit très tendre.

6. Soulever délicatement le gigot pour le déposer sur une planche à découper. À l'aide d'une cuillère à égoutter, déposer les légumes dans un grand plat. Effilocher la viande en gros morceaux et la servir avec les légumes. Garnir de persil.

Tajine de poulet aux dattes et aux olives

Vous pouvez remplacer les dattes par d'autres fruits séchés. Le goût du gingembre moulu n'est pas aussi piquant que celui du gingembre frais et il convient autant aux mets salés que sucrés. C'est une bonne idée de toujours en avoir dans son garde-manger.

4 portions

—

Préparation: **15 minutes**

—

Cuisson: **4 heures**

---

400 g (1 ⅔ tasse) de tomates broyées en conserve
4 c. à thé d'huile d'olive
1 gros oignon rouge, en tranches fines
2 gousses d'ail, broyées
1 c. à thé de gingembre moulu
2 c. à thé de cumin moulu
2 c. à thé de paprika doux
½ c. à thé de cannelle moulue
12 dattes Medjool
8 filets de poulet
85 g (½ tasse) de grosses olives vertes
1 poignée de coriandre, hachée
1 poignée de persil plat, haché
Sel et poivre du moulin
Couscous, cuit

1. Régler la mijoteuse à intensité élevée.

2. Dans la cocotte de la mijoteuse, mélanger les tomates, l'huile d'olive, l'oignon, l'ail, le gingembre, le cumin, le paprika et la cannelle. Saler et poivrer généreusement, puis mélanger avec soin. Couvrir et cuire pendant 2 heures.

3. Ajouter les dattes. Couvrir et cuire pendant 1 heure.

4. Mettre rapidement le poulet dans la cocotte pour ne pas laisser la chaleur s'échapper et le couvrir entièrement de sauce. Couvrir et cuire pendant 1 heure, jusqu'à ce qu'il soit cuit à la perfection.

5. Incorporer les olives et les fines herbes. Servir avec du couscous.

* sans gluten

Légumes-racines au cumin et au gingembre

Ces légumes préparés à la mode indienne sont parfaits pour un brunch ou un repas du soir. Vous pouvez les garnir d'œufs cuits à votre goût, mais les œufs durs sont particulièrement recommandés pour cette recette.

4 portions

—

Préparation: **20 minutes**

—

Cuisson: **environ 4 heures**

4 c. à thé d'huile d'olive
1 oignon rouge, en tranches fines
2 gousses d'ail, hachées finement
1 morceau de gingembre de 2 cm (¾ de po), haché finement
1 c. à thé de cumin moulu
½ c. à thé de flocons de piment
4 c. à soupe de bouillon de poulet ou de légumes
4 petites pommes de terre à chair ferme, coupées en deux
200 g (1 ⅓ tasse) de courge à chair orange non pelée, en quartiers
2 petits panais, en quartiers
4 œufs cuits durs, hachés
1 poignée de feuilles de menthe
1 poignée de feuilles de persil plat
Sel et poivre du moulin
Quartiers de lime

1. Régler la mijoteuse à intensité élevée.

2. Chauffer l'huile d'olive dans une poêle à feu vif. Faire sauter l'oignon avec l'ail et le gingembre de 2 à 3 minutes. Ajouter le cumin et les flocons de piment, puis saler et poivrer généreusement. Verser le bouillon et retirer du feu.

3. Mettre les pommes de terre, la courge et les panais dans la cocotte de la mijoteuse.

4. Verser la préparation d'oignon dans la mijoteuse. Couvrir et cuire pendant 3 heures. Remuer doucement afin de garder les légumes intacts. Couvrir et cuire pendant 1 heure, jusqu'à ce qu'ils soient tendres. Ajouter du sel au besoin.

5. Servir les légumes dans un grand plat. Garnir d'œufs hachés et de fines herbes. Accompagner de quartiers de lime.

Casserole de poulet, de fèves soya et de carottes

Les fèves soya ont un goût de noisette qui se marie bien avec le poulet, le miso blanc et le mirin. Comme il n'est pas toujours facile de trouver des fèves soya en conserve, on emploie des fèves sèches qu'il est important de laisser tremper toute la nuit.

4 portions

—

Préparation: **15 minutes**

—

Trempage: **8 à 12 heures**

—

Cuisson: **environ 5 ½ heures**

95 g (½ tasse) de fèves soya sèches
6 carottes nantaises, hachées grossièrement
750 ml (3 tasses) de bouillon de poulet
4 c. à thé de sauce soya légère
2 c. à thé de pâte de miso blanc
½ c. à thé d'huile de sésame
2 ½ c. à soupe de mirin
2 ½ c. à soupe de fécule de maïs
2 ½ c. à soupe d'eau
8 filets de poulet
Riz au jasmin, cuit à la vapeur
1 gros piment rouge, épépiné et coupé en fines lanières
1 petite poignée de feuilles de coriandre
Huile au piment

1. Faire tremper les fèves soya toute la nuit dans un bol d'eau froide. Le lendemain, les égoutter et jeter l'eau. Mettre les fèves dans une casserole et couvrir d'eau froide. Porter à ébullition à feu vif et cuire pendant 30 minutes en ajoutant de l'eau au besoin.

2. Entre-temps, régler la mijoteuse à intensité élevée.

3. Mettre les fèves égouttées et les carottes dans la cocotte de la mijoteuse.

4. Dans un bol ou un pot, bien mélanger le bouillon, la sauce soya, le miso, l'huile de sésame et le mirin jusqu'à ce que le miso soit complètement dissous. Verser dans la cocotte. Couvrir et cuire pendant 3 heures.

5. Dans un petit bol, mélanger la fécule de maïs et l'eau, puis verser dans la cocotte. Ajouter le poulet en le couvrant entièrement de sauce. Régler la mijoteuse à faible intensité. Couvrir et cuire pendant 2 heures, jusqu'à ce que la volaille soit cuite à la perfection et que les fèves soya soient très tendres.

6. Servir dans des bols sur un lit de riz au jasmin. Garnir de piment et de coriandre. Servir l'huile au piment à côté afin que les convives puissent en ajouter à leur goût.

Soupers originaux pour la semaine

Pitas au poulet épicé

Faire cuire le poulet tout doucement dans une sauce épicée donne une chair extrêmement tendre. Si vous suivez un régime sans gluten, remplacez les pitas par un lit de riz que vous garnirez de poulet, de sauce, de tomates, d'oignon rouge et de fines herbes.

4 à 6 portions

—

Préparation: **20 minutes**

—

Cuisson: **environ 3 heures**

- 8 hauts de cuisse de poulet désossés et sans peau
- 2 ½ c. à soupe d'huile d'olive
- 2 oignons jaunes, en rondelles
- 3 gousses d'ail, hachées grossièrement
- 4 c. à thé de cumin moulu
- 4 c. à thé de coriandre moulue
- 2 c. à thé de paprika doux
- 1 c. à thé de gingembre moulu
- 1 c. à thé de curcuma moulu
- 1 c. à thé de cannelle moulue
- ¼ de c. à thé de clou de girofle moulu
- 2 feuilles de laurier
- 2 ½ c. à soupe d'eau
- 180 ml (¾ de tasse) de yogourt nature
- 2 ½ c. à soupe de jus de citron
- 2 tomates, en tranches
- 1 petit oignon rouge, en tranches fines
- 1 poignée de feuilles de coriandre
- 1 poignée de feuilles de menthe
- 6 petits pitas de blé entier

1. Régler la mijoteuse à intensité élevée.

2. Retirer et jeter l'excédent de gras de la volaille. Couper les hauts de cuisse en deux et réserver au réfrigérateur.

3. Chauffer l'huile d'olive dans une poêle à feu vif. Faire dorer les oignons jaunes de 4 à 5 minutes en remuant pour séparer les rondelles. Ajouter l'ail, les épices et le laurier. Cuire 1 minute, jusqu'à ce que les épices dégagent tous leurs arômes. Ajouter l'eau et remuer pour empêcher les épices de coller au fond de la poêle.

4. Retirer la poêle du feu. Ajouter le yogourt et le jus de citron, puis verser la préparation dans la cocotte de la mijoteuse.

5. Mettre le poulet dans la cocotte en le couvrant presque entièrement de sauce. Couvrir et cuire pendant 2 heures.

6. Remuer et remettre rapidement le couvercle pour ne pas laisser la chaleur s'échapper. Cuire pendant 1 heure, jusqu'à ce que le poulet soit très tendre et se défasse facilement à la fourchette. À l'aide d'une cuillère à égoutter, déposer la volaille dans un grand plat. Napper de sauce au goût.

7. Servir les tomates, l'oignon rouge et les fines herbes dans des bols différents afin que les convives puissent garnir les pitas à leur goût.

Légumineuses et pommes de terre au citron confit

Les pommes de terre à chair ferme restent intactes malgré la longue cuisson. Leur texture se marie bien avec celle des pois chiches. Ce plat est un accompagnement idéal pour le bifteck et le poisson grillés, mais on peut aussi le servir tel quel.

2 portions en plat principal;
4 portions en accompagnement

—

Préparation: **15 minutes**

—

Cuisson: **3 heures**

8 pommes de terre à chair ferme non pelées, coupées en deux sur la longueur

215 g (1 tasse) de lentilles vertes

400 g (2 tasses) de pois chiches en conserve, rincés et égouttés

2 ½ c. à soupe de citron confit, haché finement

250 ml (1 tasse) de bouillon de légumes

4 c. à thé d'huile d'olive extra vierge

4 c. à soupe de jus de citron

1 c. à thé de graines de cumin

1 c. à thé de menthe séchée

1 petite poignée de menthe, hachée finement

1 petite poignée de persil plat, haché finement (+ quelques feuilles)

100 g (1 tasse) de copeaux de pecorino ou de ricotta sèche (*ricotta salata*)

Sel et poivre du moulin

1. Régler la mijoteuse à intensité élevée.
2. Mettre les pommes de terre, les lentilles et les pois chiches dans la cocotte de la mijoteuse. Saler et poivrer généreusement.
3. Dans un petit bol, mélanger le citron confit, le bouillon, l'huile d'olive, le jus de citron, le cumin, la menthe séchée, la menthe fraîche et le persil haché. Mettre le tout dans la cocotte. Couvrir et cuire pendant 2 heures.
4. Régler la mijoteuse à faible intensité. Cuire la préparation 1 heure de plus, jusqu'à ce que les pommes de terre soient tendres.
5. Servir dans un grand plat. Garnir de feuilles de persil et de copeaux de fromage.

Poulet et gnocchis à la sauce puttanesca

Les anchois ne sont peut-être pas très appétissants à première vue, mais ils s'intègrent parfaitement aux sauces en leur donnant une saveur très subtile. Les autres ingrédients de la recette rehaussent magnifiquement la chair tendre de la volaille tout en mettant en valeur les couleurs et les parfums de la cuisine méditerranéenne.

4 portions

—

Préparation: **15 minutes**

—

Cuisson: **environ 3 ½ heures**

4 c. à thé d'huile d'olive extra vierge
1 oignon rouge, en tranches fines
2 gousses d'ail, hachées finement
1 petite poignée de persil plat, haché finement
1 c. à thé d'origan séché
125 ml (½ tasse) de vin rouge
400 g (1 ⅔ tasse) de tomates broyées en conserve
4 c. à thé de petites câpres, rincées et égouttées
2 filets d'anchois, hachés
2 ½ c. à soupe de pâte de tomates
4 c. à thé de fécule de maïs
4 c. à soupe d'eau
6 gros hauts de cuisse de poulet désossés et sans peau
300 g (10 oz) de gnocchis sans gluten
50 g (½ tasse) de parmesan
Sel et poivre du moulin

1. Régler la mijoteuse à intensité élevée.

2. Dans la cocotte de la mijoteuse, mélanger l'huile d'olive, l'oignon, l'ail, le persil, l'origan, le vin, les tomates, les câpres, les anchois, la pâte de tomates, la fécule de maïs et l'eau. Saler et poivrer généreusement. Remuer jusqu'à ce que la fécule soit complètement dissoute.

3. Retirer et jeter l'excédent de gras de la volaille. Couper les hauts de cuisse en deux et les mettre dans la cocotte en les couvrant entièrement de sauce. Couvrir et cuire pendant 2 heures, jusqu'à ce que la sauce bouillonne sur le pourtour de la cocotte.

4. Remuer et remettre rapidement le couvercle pour ne pas laisser la chaleur s'échapper. Cuire pendant 1 heure, jusqu'à ce que le poulet soit tendre et cuit à la perfection.

5. Mettre les gnocchis dans la cocotte, tout autour du poulet, en les couvrant entièrement de sauce. (Éviter de remuer pour empêcher la chaleur de s'échapper.) Couvrir et cuire de 20 à 30 minutes, jusqu'à ce qu'ils soient prêts.

6. Servir le poulet et les gnocchis dans des bols. Saupoudrer de parmesan fraîchement râpé.

Riz basmati et lentilles aux piments

Ce plat, appelé *mujadara* au Moyen-Orient, demande qu'on réchauffe les épices dans un peu d'huile afin de libérer tous leurs parfums. Le basmati est un riz à grains longs qui reste ferme pendant la cuisson. Si l'on utilise d'autres variétés, le riz aura tendance à absorber trop de liquide et à devenir gluant.

4 portions

—

Préparation: **15 minutes**

—

Cuisson: **environ 1 ½ heure**

4 c. à thé d'huile d'olive extra vierge
1 c. à thé de graines de cumin
2 feuilles de laurier
6 piments séchés
300 g (1 ½ tasse) de riz basmati blanc
55 g (¼ de tasse) de lentilles vertes
625 ml (2 ½ tasses) de bouillon de légumes
1 poignée de feuilles de persil plat
4 c. à thé de jus de lime
Sel et poivre du moulin
Pitas sans gluten
Yogourt nature

1. Régler la mijoteuse à intensité élevée.
2. Chauffer l'huile d'olive dans une poêle à feu vif. Ajouter le cumin, le laurier et les piments. Remuer pendant quelques secondes, jusqu'à ce que les épices dégagent tous leurs arômes, puis mettre le tout dans la cocotte de la mijoteuse.
3. Rincer rapidement le riz et les lentilles à l'eau froide dans une passoire. Secouer vigoureusement et déposer dans la mijoteuse. Ajouter le bouillon, puis saler et poivrer généreusement en remuant avec soin. Couvrir et cuire pendant 1 ½ heure, jusqu'à ce que le riz et les lentilles aient absorbé tout le liquide.
4. Servir dans un grand plat. Garnir de persil et arroser de jus de lime. Accompagner de pitas et d'un bol de yogourt.

* sans gluten

Poulet au gingembre et au soya noir fermenté avec légumes verts

Le soya noir salé et fermenté, appelé *douchi* en Chine, confère une saveur umami sublime à la volaille. Il suffit d'une petite quantité pour rehausser tout un plat. Ce produit, qui se conserve très longtemps, est vendu en pot ou en sachet dans les épiceries asiatiques et certains supermarchés.

4 portions

—

Préparation: **15 minutes**

—

Cuisson: **2 heures**

- 2 oignons verts, en tranches fines
- 1 morceau de gingembre de 3 cm (1 ¼ po), en tranches fines
- 3 gousses d'ail, hachées finement
- 2 ½ c. à soupe de soya noir fermenté, haché grossièrement
- 1 c. à thé d'huile de sésame
- 4 c. à soupe de vin de riz de Shaoxing (vin jaune chinois)
- 1 c. à thé de cassonade
- 2 c. à thé de fécule de maïs
- 8 filets de poulet
- 1 poivron vert, en tranches fines
- 1 petit brocoli (séparer les tiges)
- 1 courgette, en rondelles épaisses
- 1 grosse poignée de feuilles de basilic thaï

1. Régler la mijoteuse à intensité élevée.

2. Dans un bol assez grand pour contenir le poulet, mélanger les oignons verts, le gingembre, l'ail, le soya noir, l'huile de sésame, le vin de riz, la cassonade et la fécule de maïs. Ajouter le poulet et bien l'enrober avant de le déposer dans la cocotte de la mijoteuse. Couvrir et cuire pendant 1 ½ heure, jusqu'à ce que la sauce bouillonne sur le pourtour de la cocotte et que la volaille soit cuite à la perfection.

3. Remuer rapidement, puis déposer le poivron, le brocoli et la courgette sur le poulet. Couvrir et cuire pendant 30 minutes, jusqu'à ce que les légumes soient tendres et croquants.

4. Servir le poulet et les légumes dans des assiettes. Garnir de basilic.

Ragoût de porc, de patates douces et de poires

Il est possible de préparer un repas santé avec de la viande de porc si l'on opte pour une coupe maigre et qu'on prend le temps de retirer tout le gras visible avant de la mettre dans la mijoteuse. N'oubliez pas de choisir une variété de poires fermes afin que leur forme reste intacte malgré la longue cuisson.

4 portions

—

Préparation: **25 minutes**

—

Cuisson: **3 heures**

1 petite patate douce non pelée, coupée en demi-rondelles

4 escalopes de porc maigres de 150 à 180 g (5 à 6 oz) chacune

2 poires à chair ferme (ex.: Bosc, Beauté flamande), coupées en huit chacune

4 gousses d'ail, écrasées avec le plat de la lame d'un couteau

375 ml (1 ½ tasse) de bouillon de poulet

2 ½ c. à soupe de sirop d'érable

4 c. à thé de fécule de maïs

1 c. à thé de sauce soya foncée

¼ de c. à thé de poivre noir moulu

1 poignée de persil plat, haché finement

1. Régler la mijoteuse à intensité élevée.

2. Mettre les rondelles de patate douce dans la cocotte de la mijoteuse. Retirer et jeter le gras de la viande. Déposer les escalopes sur les patates douces. Ajouter les poires et l'ail.

3. Dans un bol ou un pot, mélanger le bouillon, le sirop d'érable, la fécule de maïs, la sauce soya et le poivre jusqu'à ce que la fécule soit dissoute. Verser dans la cocotte. Couvrir et cuire pendant 3 heures, jusqu'à ce que la viande et les légumes soient tendres.

4. À l'aide d'une cuillère à égoutter, déposer les patates douces, la viande et les poires dans un grand plat. Napper de sauce au goût et garnir de persil.

Pot-au-feu de bœuf au curcuma

Le curcuma donne une couleur magnifique à la sauce. N'hésitez pas à mettre la quantité recommandée, même si cela vous semble peut-être exagéré. C'est là que se trouve le secret de la recette... Un vrai régal!

6 portions

Préparation: **25 minutes**

Cuisson: **4 heures**

2 oignons jaunes
1 kg (2 lb) d'épaule de bœuf
2 ½ c. à soupe de fécule de maïs
500 ml (2 tasses) de bouillon de bœuf
1 c. à thé de sauce de poisson
4 c. à thé de curcuma moulu
4 c. à thé de cumin moulu
½ c. à thé d'assaisonnement au chili
1 grosse tomate, hachée grossièrement
1 poignée de coriandre, hachée grossièrement
35 g (¼ de tasse) d'arachides grillées, hachées grossièrement
Poivre du moulin
Riz basmati blanc, cuit

1. Régler la mijoteuse à intensité élevée.

2. Sur une planche à découper, couper les oignons en deux sur la longueur, puis mettre la face coupée vers le bas. Les couper de nouveau sur la longueur pour obtenir de fins quartiers, puis les mettre dans la cocotte de la mijoteuse en les séparant avec les mains.

3. Retirer et jeter le gras de la viande, puis couper celle-ci en morceaux d'environ 5 cm (2 po). Déposer dans un bol avec la fécule de maïs et remuer avec soin pour bien enrober tous les morceaux. Mettre ceux-ci dans la mijoteuse sur une seule couche.

4. Dans le même bol ayant servi pour la viande, mélanger le bouillon, la sauce de poisson et les épices. Poivrer généreusement. Remuer avec soin afin de bien dissoudre la fécule restante, puis verser le tout dans la cocotte. Ajouter la tomate. Couvrir et cuire pendant 2 heures.

5. Mélanger rapidement pour ne pas laisser la chaleur s'échapper. Couvrir et cuire pendant 2 heures, jusqu'à ce que la viande soit tendre et enrobée d'une belle sauce dorée.

6. Servir le pot-au-feu dans un grand bol, puis garnir de coriandre et d'arachides. Accompagner de riz.

* sans gluten

Ragoût de bœuf à la citronnelle

Ce plat tout-en-un aux parfums subtils recèle des ingrédients typiques de la cuisine vietnamienne: vermicelles de riz, citronnelle, anis étoilé, cannelle et coriandre.

4 portions

—

Préparation: **20 minutes**

—

Cuisson: **environ 3 ¼ heures**

750 g (1 lb 10 oz) de bifteck de palette
2 ½ c. à soupe de sauce aux huîtres
1 c. à thé de sauce soya foncée
2 c. à thé d'huile de sésame
1 oignon jaune, en tranches fines
3 gousses d'ail, hachées grossièrement
500 ml (2 tasses) de bouillon de bœuf
¼ de c. à thé de poivre noir moulu
4 c. à thé de fécule de maïs
2 tiges de citronnelle (partie blanche seulement), en tronçons de 5 cm (2 po)
3 anis étoilés
3 bâtons de cannelle
2 tomates mûres, en quartiers
100 g (3 ½ oz) de vermicelles de riz
1 grosse poignée de feuilles de menthe (vietnamienne ou poivrée)
1 grosse poignée de feuilles de coriandre

1. Régler la mijoteuse à intensité élevée.

2. Retirer et jeter le gras de la viande, puis couper celle-ci en morceaux d'environ 5 cm (2 po). Déposer la viande dans un bol avec la sauce aux huîtres, la sauce soya, l'huile de sésame, l'oignon, l'ail, le bouillon, le poivre et la fécule de maïs. Remuer avec soin jusqu'à ce que la fécule soit complètement dissoute. Ajouter la citronnelle, l'anis étoilé et la cannelle. Couvrir et cuire pendant 2 heures.

3. Mélanger doucement en veillant à ce que l'anis étoilé et la cannelle soit bien enfouis dans la sauce. Remuer et remettre rapidement le couvercle pour ne pas laisser la chaleur s'échapper. Cuire pendant 1 heure, jusqu'à ce que la viande soit très tendre. Ajouter les tomates et remettre le couvercle. Régler la mijoteuse à faible intensité.

4. Mettre les vermicelles dans un bol résistant à la chaleur, puis les couvrir entièrement d'eau bouillante. Laisser reposer environ 10 minutes pour les attendrir. Égoutter avec soin.

5. Déposer les vermicelles dans la cocotte et remuer doucement. Servir le ragoût dans des bols. Arroser de bouillon au goût et garnir de fines herbes.

Boulettes de veau, épinards et pois chiches

Les boulettes de viande permettent de préparer des plats réconfortants. La première fois que vous en ferez cuire à la mijoteuse, vous vous demanderez pourquoi vous n'y aviez pas pensé plus tôt. La sauce peut être préparée à l'avance au besoin. Les deux règles d'or de la cuisson à la mijoteuse doivent être respectées à la lettre: ne pas soulever le couvercle et éviter de trop remuer le contenu afin de conserver la chaleur dans la cocotte.

4 portions

—

Préparation: **30 minutes**

—

Cuisson: **environ 2 heures**

4 c. à thé d'huile d'olive extra vierge
1 petit oignon jaune, haché finement
2 gousses d'ail, hachées finement
½ c. à thé de flocons de piment
¼ de c. à thé de muscade ou de macis moulu
400 g (1 ⅔ tasse) de tomates broyées en conserve
1 poignée d'aneth, haché grossièrement
1 poignée de persil plat, haché grossièrement
400 g (2 tasses) de pois chiches en conserve, rincés et égouttés
Sel et poivre du moulin
2 grosses poignées de jeunes épinards
Pecorino, râpé finement

BOULETTES DE VEAU
750 g (1 lb 10 oz) de veau haché
30 g (½ tasse) de chapelure de blé entier
2 oignons verts, en tranches fines
2 gousses d'ail, hachées finement
1 c. à thé de graines de fenouil, broyées grossièrement
2 ½ c. à soupe de pecorino, râpé finement
Sel et poivre du moulin

1. Régler la mijoteuse à intensité élevée.

2. Chauffer l'huile d'olive dans une poêle à feu moyen. Faire revenir l'oignon avec l'ail quelques minutes pour l'attendrir sans le faire dorer. Déposer dans la cocotte de la mijoteuse avec les flocons de piment, la muscade, les tomates, l'aneth, le persil et les pois chiches. Saler et poivrer généreusement, puis bien mélanger. Couvrir et laisser cuire pendant la préparation des boulettes de viande.

3. Boulettes de veau: mettre tous les ingrédients dans un bol. Saler et poivrer généreusement, puis bien mélanger avec les mains. Avec les mains légèrement humectées, façonner des boulettes de la grosseur d'une noix.

4. Mettre les boulettes dans la cocotte. Couvrir et cuire pendant 2 heures. Ajouter les épinards. Couvrir et cuire quelques minutes pour les attendrir.

5. Servir dans des assiettes et saupoudrer de pecorino.

Rigatonis à la bolognaise

Cuire les pâtes à la mijoteuse nous évite de laver beaucoup de vaisselle. Il est toutefois important de ne pas en mettre une trop grande quantité dans la cocotte, soit environ 1 tasse. Voilà une bonne chose quand on choisit de consommer moins de glucides.

4 portions

—

Préparation: **15 minutes**

—

Cuisson: **environ 2 heures**

4 c. à thé d'huile d'olive
1 oignon, haché finement
3 gousses d'ail, hachées finement
1 petite carotte, hachée finement
1 branche de céleri, hachée finement
500 g (1 lb) de bœuf haché
1 c. à thé d'origan séché
1 feuille de laurier
400 g (1 ⅔ tasse) de tomates broyées en conserve
250 g (1 ⅔ tasse) de tomates cerises
750 ml (3 tasses) de coulis de tomates (*passata*)
80 g (1 tasse) de rigatonis (ou autres pâtes de large diamètre)
Parmesan, râpé finement

1. Régler la mijoteuse à intensité élevée.

2. Chauffer l'huile d'olive dans une grande poêle à feu vif. Faire revenir l'oignon avec l'ail, la carotte et le céleri de 3 à 4 minutes pour l'attendrir un peu. Ajouter la viande, l'origan et le laurier. Cuire quelques minutes, jusqu'à ce que la viande ne soit plus rosée. Ajouter toutes les tomates et le coulis de tomates.

3. Verser la moitié de la sauce dans la cocotte de la mijoteuse. Répartir les pâtes en évitant qu'elles touchent les parois. Verser le reste de la sauce. Couvrir et cuire pendant 2 heures, jusqu'à ce que les pâtes soient tendres et que le sauce soit bouillonnante.

4. Servir les rigatonis dans des bols. Saupoudrer de parmesan fraîchement râpé.

Ragoût d'agneau à la rhubarbe

Voici une bonne façon d'intégrer la rhubarbe dans un plat salé. Son goût acidulé est évidemment plus présent que dans une préparation sucrée, mais il s'allie parfaitement aux épices et aux fines herbes utilisées dans cette recette inspirée de la cuisine iranienne.

4 portions

—

Préparation: **20 minutes**

—

Cuisson: **3 ½ heures**

4 tranches de gigot d'agneau (environ 600 g/1 lb 5 oz)

3 tiges de rhubarbe, en morceaux de 2,5 cm (1 po)

400 g (1 ⅔ tasse) de tomates cerises en conserve

1 poignée de persil plat, haché finement

4 gousses de cardamome verte, écrasées légèrement

½ c. à thé de curcuma moulu

2 c. à thé de menthe séchée

1 morceau de gingembre de 3 cm (1 ¼ po), râpé grossièrement

2 gousses d'ail, hachées finement

1 grosse pincée de filaments de safran

1 oignon rouge, en tranches fines

250 ml (1 tasse) de bouillon de poulet

1 poignée de feuilles de menthe

Sel et poivre du moulin

1. Régler la mijoteuse à intensité élevée.

2. Retirer et jeter le gras de la viande. Couper chaque tranche en trois ou quatre morceaux, puis les mettre dans la cocotte de la mijoteuse.

3. Réserver le tiers de la rhubarbe. Déposer le reste sur la viande, puis saler et poivrer généreusement.

4. Dans un bol, mélanger le reste des ingrédients, sauf la menthe. Verser dans la cocotte. Couvrir et cuire pendant 2 heures.

5. Remuer doucement en veillant à ne pas trop défaire la rhubarbe. Remettre rapidement le couvercle et cuire pendant 1 heure.

6. Mettre le reste de la rhubarbe dans la mijoteuse. Couvrir et cuire pendant 30 minutes, jusqu'à ce qu'elle soit tendre.

7. Servir le ragoût dans de petits bols et garnir de menthe.

Moules pochées dans un bouillon de tomate et de fenouil

Cette recette permet de faire un repas principal pour deux personnes seulement, car les coquilles des moules prennent beaucoup de place dans la mijoteuse. Elle servira toutefois quatre personnes en entrée. Évitez de cuire les moules trop longtemps; elles sont prêtes aussitôt que la coquille s'ouvre.

2 portions en plat principal;
4 portions en entrée

—

Préparation: **15 minutes**

—

Cuisson: **3 ½ heures**

---

400 g (1 ⅔ tasse) de tomates broyées en conserve
4 c. à soupe de fumet de poisson
4 c. à soupe de vin blanc
3 petits bulbes de fenouil, en tranches fines (réserver les frondes)
2 gousses d'ail, hachées finement
1 poignée de persil plat, haché grossièrement
4 c. à thé d'huile d'olive
70 g (⅓ de tasse) de couscous perlé (israélien)
1 kg (2 lb) de moules fraîches, bien nettoyées
Sel et poivre du moulin
Quartiers de citron

1. Régler la mijoteuse à intensité élevée.

2. Dans la cocotte de la mijoteuse, mélanger les tomates, le fumet de poisson, le vin, les tranches de fenouil, l'ail, le persil et l'huile d'olive. Saler et poivrer généreusement. Couvrir et cuire pendant 2 ½ heures, jusqu'à ce que le fenouil soit très tendre.

3. Verser le couscous dans le bouillon de tomate et de fenouil. Couvrir et cuire pendant 30 minutes, jusqu'à ce qu'il ait doublé de volume. Ajouter les moules et secouer doucement la mijoteuse pour bien les enfouir dans le bouillon. Couvrir et cuire pendant 30 minutes, jusqu'à ce qu'elles s'ouvrent.

4. Servir les moules dans un grand bol. Jeter celles qui restent fermées. Garnir de frondes de fenouil et accompagner de quartiers de citron.

Poulet à la citronnelle

Le galanga est un rhizome au goût légèrement citronné très apprécié dans la cuisine asiatique. N'hésitez pas à le remplacer par du gingembre frais si vous n'en trouvez pas. Tranchez, hachez ou râpez le galanga ou le gingembre et conservez-le au congélateur afin de toujours en avoir à portée de la main.

4 portions

—

Préparation: **20 minutes**

—

Cuisson: **2 ¼ heures**

2 gros filets de poitrine de poulet
1 petite botte de coriandre (avec les racines)
2 ½ c. à soupe de sauce aux huîtres
2 c. à thé d'huile de sésame
2 c. à thé de sauce de poisson
4 c. à thé de cassonade
1 tige de citronnelle (partie blanche seulement), en tranches fines
3 gousses d'ail, hachées finement
1 morceau de galanga ou de gingembre de 3 cm (1 ¼ po), pelé et râpé grossièrement
½ c. à thé de poivre noir moulu
1 poireau (partie blanche seulement), en tranches fines
1 poivron rouge, en fines lanières
1 courgette, en morceaux
Riz basmati blanc, cuit

1. Régler la mijoteuse à intensité élevée.

2. Couper le poulet en morceaux de 4 à 5 cm (1 ½ à 2 po), puis le déposer dans la cocotte de la mijoteuse.

3. Prélever les feuilles de coriandre et les réserver dans un bol. Bien nettoyer et laver les racines et les tiges, puis les hacher finement avant de les mettre dans la cocotte. Ajouter la sauce aux huîtres, l'huile de sésame, la sauce de poisson, la cassonade, la citronnelle, l'ail, le galanga et le poivre. Bien mélanger avec les mains ou à l'aide d'une pince.

4. Couvrir et cuire pendant 1 ½ heure, jusqu'à ce que la sauce bouillonne sur le pourtour de la cocotte et que la volaille soit cuite à la perfection. Bien mélanger, puis ajouter le poireau, le poivron et la courgette. Couvrir et cuire pendant 45 minutes, jusqu'à ce que les légumes soient tendres et croquants.

5. Servir sur un lit de riz basmati et garnir de feuilles de coriandre.

Sambal aux pommes de terre et aux haricots verts

À Bali, les *warungs* sont de petits kiosques où l'on sert une cuisine familiale réconfortante. Les mets proposés sont généralement préparés avec des aliments sains et savoureux que l'on accompagne d'une sauce épicée appelée *sambal*. On peut rehausser le goût de cette recette en y ajoutant un peu de patate douce ou de courge.

4 portions

Préparation: **20 minutes**

Cuisson: **3 heures**

400 g (1 ⅔ tasse) de tomates broyées en conserve

2 gros piments, hachés grossièrement

2 gousses d'ail, hachées grossièrement

1 morceau de gingembre de 2 cm (¾ de po), haché grossièrement

4 c. à thé de sauce de poisson

2 ½ c. à soupe de cassonade

3 ou 4 racines de coriandre, lavées

8 pommes de terre grelots, en quartiers

150 g (¾ de tasse) de haricots verts, parés et coupés en deux sur la longueur

1 petit brocoli, paré et défait en petits morceaux

Riz brun, cuit

Quartiers de citron

1. Régler la mijoteuse à intensité élevée.

2. Au robot culinaire, réduire les tomates, les piments, l'ail, le gingembre, la sauce de poisson, la cassonade et la coriandre en purée lisse. Verser dans la cocotte de la mijoteuse. Ajouter les pommes de terre et les haricots. Couvrir et cuire pendant 2 heures.

3. Mettre le brocoli dans la mijoteuse. Couvrir et cuire pendant 1 heure, jusqu'à ce que tous les légumes soient tendres.

4. Servir sur un lit de riz brun et accompagner de quartiers de citron.

Bons petits plats sans tracas

Burritos aux tomates et aux trois haricots

N'hésitez pas à remplacer les tortillas ou les pitas par des nachos sans gluten que vous pourrez parsemer de féta émietté. Si vous avez envie de manger à la bonne franquette, servez la préparation de haricots dans des bols et nappez-les d'une grosse cuillerée de crème sure ou de yogourt faible en gras. Accompagnez le tout de vos nachos préférés.

6 portions

—

Préparation: **20 minutes**

—

Cuisson: **6 heures**

400 g (2 ⅓ tasses) de haricots rouges en conserve

400 g (2 ⅓ tasses) de haricots de Lima en conserve

400 g (2 ⅓ tasses) de haricots noirs en conserve

400 g (1 ⅔ tasse) de tomates cerises en conserve

90 g (½ tasse) de poivron rouge grillé, en lanières

1 petit oignon rouge, en tranches fines

1 gousse d'ail, broyée

2 c. à thé de bouillon de poulet en poudre

4 c. à thé de cumin moulu

½ c. à thé d'assaisonnement au chili

½ laitue iceberg, déchiquetée

Tortillas ou pitas sans gluten

2 avocats, en dés

1 grosse poignée de feuilles de coriandre

Sel et poivre du moulin

Quartiers de lime

1. Régler la mijoteuse à faible intensité.
2. Rincer tous les haricots à l'eau froide dans une passoire en les séparant avec les mains. Égoutter avec soin et déposer dans la cocotte de la mijoteuse.
3. Ajouter les tomates, le poivron, l'oignon, l'ail, le bouillon en poudre, le cumin et l'assaisonnement au chili. Saler et poivrer généreusement, puis mélanger avec soin. Couvrir et cuire pendant 6 heures, jusqu'à ce que les haricots soient bien enrobés de sauce et que la préparation dégage tous ses arômes.
4. Verser la préparation dans un grand bol.
5. Déposer un peu de laitue sur les tortillas. Garnir de haricots, d'avocat et de coriandre. Accompagner de quartiers de lime.

Mijoté de poulet à la courge et aux abricots

Pour faire une version végane de cette recette, remplacez le poulet par 500 g (3 tasses) de patates douces pelées et coupées en petits dés. Il sera peut-être nécessaire d'augmenter un peu le temps de cuisson. Certains légumes cuits à la mijoteuse, comme la patate douce et la carotte, nécessitent parfois qu'on prolonge la cuisson de quelques minutes.

4 portions

—

Préparation: **15 minutes**

—

Cuisson: **6 heures**

8 hauts de cuisse de poulet désossés et sans peau

250 ml (1 tasse) de bouillon de poulet

6 abricots frais, coupés en deux et dénoyautés

200 g (1 ⅓ tasse) de courge à chair orange non pelée, en quartiers

1 petit oignon rouge, haché finement

2 gousses d'ail, hachées finement

2 c. à thé de cumin moulu

2 c. à thé de paprika doux

½ c. à thé de flocons de piment

4 c. à thé de fécule de maïs

1 feuille de laurier

1 poignée de persil plat, haché finement

Sel et poivre du moulin

1 poignée de feuilles de coriandre

1. Régler la mijoteuse à faible intensité.

2. Retirer et jeter l'excédent de gras de la volaille. Couper les hauts de cuisse en trois, puis les mettre dans la cocotte de la mijoteuse avec le reste des ingrédients, sauf la coriandre. Saler et poivrer généreusement, puis mélanger avec soin. Couvrir et cuire pendant 6 heures.

3. Remuer doucement avant de servir en prenant soin de ne pas défaire les tendres morceaux de courge. Rectifier l'assaisonnement au besoin. Servir dans des assiettes et garnir de coriandre.

Casserole d'agneau à l'orzo

Le kefalograviera est un fromage de brebis à pâte dure d'origine grecque. Vous pouvez le remplacer par des copeaux de parmesan ou de pecorino. Ce plat réconfortant cuira toute la journée pendant que vous serez au travail. Une fois de retour à la maison, vous n'aurez plus qu'à ajouter l'orzo et votre repas sera prêt en une heure.

4 portions

—

Préparation: **15 minutes**

—

Cuisson: **9 heures**

400 g (14 oz) de tranches de gigot d'agneau

400 g (1 ⅔ tasse) de tomates broyées en conserve

2 ½ c. à soupe de pâte de tomates

125 ml (½ tasse) de bouillon de bœuf

1 bâton de cannelle

2 feuilles de laurier

2 clous de girofle

1 c. à thé d'origan séché

1 poignée de persil plat, haché finement

125 g (½ tasse) d'orzo (langues d'oiseau)

30 g (½ tasse) de kefalograviera, émietté

1 poignée de petites feuilles de basilic ou de marjolaine

Sel et poivre du moulin

Quartiers de citron

1. Régler la mijoteuse à faible intensité.

2. Retirer et jeter le gras de la viande, puis couper chaque tranche en deux.

3. Dans la cocotte de la mijoteuse, mélanger les tomates, la pâte de tomates, le bouillon, les épices, l'origan et le persil. Saler et poivrer généreusement, puis mélanger avec soin. Ajouter la viande dans la cocotte en la couvrant entièrement de sauce. Couvrir et cuire pendant 8 heures.

4. Mettre l'orzo dans la mijoteuse. Couvrir et cuire pendant 1 heure, jusqu'à ce qu'il soit cuit à la perfection et que la viande soit très tendre.

5. Servir dans des bols. Parsemer de fromage et d'herbes fraîches. Accompagner de quartiers de citron.

Haricots blancs au piment chipotle

Ce plat peut être servi à n'importe quel repas, y compris au brunch. Utilisez des petits haricots blancs de type *navy*, qu'on emploie habituellement dans les recettes de fèves au lard, plutôt que la variété Great Northern. Il est important de les laisser tremper toute la nuit.

4 portions

—

Préparation: **10 minutes**

—

Trempage: **8 à 12 heures**

—

Cuisson: **8 à 10 heures**

200 g (1 tasse) de petits haricots blancs secs

400 g (1 ⅔ tasse) de tomates hachées en conserve

2 ½ c. à soupe de sauce au piment chipotle

4 c. à thé de paprika fumé

4 c. à thé de moutarde douce

2 ½ c. à soupe de sirop d'érable ou de sirop de dattes

4 c. à thé de cassonade

500 ml (2 tasses) d'eau

Tranches de pain de blé entier, grillées

1 poignée de cresson ou de chou frisé (*kale*) miniature

Sel et poivre du moulin

1. Faire tremper les haricots toute la nuit dans un bol d'eau froide.

2. Le lendemain, régler la mijoteuse à faible intensité.

3. Mettre les haricots égouttés dans la cocotte de la mijoteuse. Ajouter les tomates, la sauce au piment, le paprika, la moutarde, le sirop d'érable, la cassonade et l'eau. Saler et poivrer généreusement, puis mélanger avec soin.

4. Couvrir et cuire de 8 à 10 heures, jusqu'à ce que les haricots soient tendres et aient presque doublé de volume.

5. Bien remuer avant de servir les haricots sur du pain grillé. Garnir de cresson ou de chou frisé.

* végétalien * sans gluten

Haricots verts à la sauce tomate épicée

Cette recette plaît à tous, y compris aux adeptes de la cuisine végétalienne ou sans gluten. Le sirop de dattes donne aux légumes une couleur intense et un léger goût sucré. Ce produit est vendu dans les magasins d'alimentation naturelle et les épiceries spécialisées dans les produits du Moyen-Orient.

4 portions

Préparation: **20 minutes**

Trempage: **8 à 12 heures**

Cuisson: **6 heures**

750 g (3 ¾ tasses) de haricots verts
400 g (1 ⅔ tasse) de tomates broyées en conserve
2 ½ c. à soupe de pâte de tomates
180 g (1 tasse) de poivron rouge grillé, en lanières
2 ½ c. à soupe de sirop de dattes
4 c. à thé de cumin moulu
4 c. à thé de paprika doux
4 c. à thé d'huile d'olive
1 oignon rouge, en tranches
2 gousses d'ail, broyées
Sel et poivre du moulin
Pitas sans gluten
220 g (1 tasse) de houmous

1. Faire tremper les haricots toute la nuit dans un bol d'eau froide.

2. Dans la cocotte de la mijoteuse, mettre les tomates, la pâte de tomates, le poivron, le sirop de dattes, le cumin, le paprika, l'huile d'olive, l'oignon et l'ail. Saler et poivrer généreusement, puis mélanger avec soin.

3. Équeuter les haricots si les extrémités sont trop dures, puis les mettre dans la cocotte en les couvrant entièrement de sauce. Couvrir et cuire pendant 6 heures, jusqu'à ce que la sauce soit chaude et bouillonne sur le pourtour de la cocotte

4. Bien mélanger en raclant les parois de la cocotte. Rectifier l'assaisonnement au besoin. Accompagner les haricots de pitas et de houmous.

* sans gluten

Dinde au romarin garnie de féta

La dinde est une viande maigre et savoureuse. Pourquoi devrait-on se contenter d'en manger uniquement dans le temps des fêtes ou le jour de l'Action de grâce ? Cette recette peut aussi être faite avec des filets de poitrine de poulet.

4 portions

—

Préparation: **25 minutes**

—

Cuisson: **3 heures**

1 oignon rouge, en tranches fines
2 gousses d'ail, hachées finement
1 petite tige de romarin
2 feuilles de laurier
1 poignée de persil plat, haché finement
4 petites pommes de terre à chair ferme, en petits morceaux
750 g (1 lb 10 oz) de filets de poitrine de dinde
4 c. à thé de fécule de maïs
400 g (1 ⅔ tasse) de tomates cerises en conserve
375 ml (1 ½ tasse) de bouillon de poulet
4 c. à thé d'huile d'olive extra vierge
2 grosses poignées de roquette miniature
150 g (1 tasse) de féta, émietté
Sel et poivre du moulin
Quartiers de citron

1. Régler la mijoteuse à intensité élevée.

2. Dans la cocotte de la mijoteuse, mettre l'oignon, l'ail, le romarin, le laurier, le persil et les pommes de terre. Saler et poivrer généreusement, puis mélanger avec soin.

3. Couper la dinde en gros morceaux et la mettre dans un bol. Saupoudrer de fécule de maïs, puis saler et poivrer généreusement. Remuer avec soin pour bien enrober tous les morceaux. Déposer dans la cocotte avec les tomates et le bouillon, puis verser l'huile d'olive. Couvrir et cuire pendant 3 heures, jusqu'à ce que la volaille soit cuite à la perfection et que les pommes de terre soient tendres.

4. Servir dans un grand plat et garnir de roquette et de féta. Accompagner de quartiers de citron.

Bœuf et patates douces, sauce tomate aux raisins secs

La combinaison d'épices et de raisins secs est idéale pour rehausser le goût de la viande. L'épaule et la palette de bœuf sont idéales pour la cuisson à la mijoteuse.

6 portions

—

Préparation: **15 minutes**

—

Cuisson: **8 ½ heures**

---

2 petits oignons jaunes, en tranches fines
4 gousses d'ail, hachées grossièrement
1 morceau de gingembre de 3 cm (1 ¼ po), haché grossièrement
4 c. à thé de cumin moulu
4 c. à thé de paprika doux
4 gousses de cardamome noire, écrasées légèrement
85 g (½ tasse) de raisins secs
400 g (1 ⅔ tasse) de tomates en dés en conserve
4 c. à thé d'huile d'olive
1 kg (2 lb) d'épaule de bœuf
4 c. à thé de fécule de maïs
250 ml (1 tasse) de bouillon de poulet
200 g (1 ¼ tasse) de patates douces, pelées et coupées en gros morceaux
Riz basmati brun, cuit
1 grosse poignée de coriandre, hachée grossièrement
Sel et poivre du moulin

1. Régler la mijoteuse à faible intensité.

2. Dans la cocotte de la mijoteuse, mettre les oignons, l'ail, le gingembre, le cumin, le paprika, la cardamome, les raisins secs et les tomates. Saler et poivrer généreusement, puis mélanger avec soin. Verser l'huile d'olive sur les ingrédients.

3. Retirer et jeter le gras visible de la viande, puis couper celle-ci en morceaux de 3 à 4 cm (1 ¼ à 1 ½ po). Mettre la viande dans un bol, ajouter la fécule de maïs et bien remuer pour bien enrober tous les morceaux. Déposer la viande dans la cocotte en la couvrant entièrement de sauce. Verser le bouillon et déposer les patates douces sur la viande. Couvrir et cuire pendant 8 heures.

4. Mélanger rapidement pour ne pas laisser la chaleur s'échapper en prenant soin de racler les parois. Couvrir et cuire pendant 30 minutes, le temps de faire cuire le riz qui sera servi en accompagnement.

5. Servir la viande et les légumes dans un grand bol. Garnir de coriandre et accompagner de riz.

Tajine de bœuf avec dattes et patates douces

La mijoteuse peut être fort utile pour faire cuire de nombreux plats de la cuisine marocaine comme celle-ci. Pour cette recette, il suffit de rassembler tous les ingrédients dans la cocotte avant d'aller travailler et le temps fera brillamment son œuvre.

4 portions

—

Préparation: **20 minutes**

—

Cuisson: **8 heures**

750 g (1 lb 10 oz) de bifteck de palette
2 c. à thé de cumin moulu
2 c. à thé de paprika doux
1 c. à thé de gingembre moulu
4 c. à thé de fécule de maïs
2 oignons rouges, en tranches
1 petite patate douce, pelée et coupée en rondelles épaisses
12 dattes Medjool
800 g (3 ⅓ tasses) de tomates entières en conserve
2 ½ c. à soupe de sirop de dattes
1 poignée de petites feuilles de coriandre
1 poignée de petites feuilles de menthe
Sel et poivre du moulin

1. Régler la mijoteuse à faible intensité.

2. Retirer et jeter le gras de la viande, puis couper celle-ci en petits morceaux. Déposer dans un bol avec les épices et la fécule de maïs. Saler et poivrer généreusement. Remuer pour bien enrober la viande, puis la déposer dans la cocotte de la mijoteuse. Ajouter successivement les oignons, la patate douce et les dattes.

3. Dans le même bol ayant servi pour la viande, mélanger les tomates et le sirop de dattes. Écraser grossièrement les tomates à l'aide d'une fourchette ou d'un pilon à purée, puis les déposer dans la cocotte. Couvrir et cuire pendant 8 heures, jusqu'à ce que la viande et les légumes soient tendres.

4. Remuer doucement, puis servir dans des bols. Garnir de coriandre et de menthe.

Casserole de poulet et de haricots au paprika fumé

Les hauts de cuisse de poulet cuits à la mijoteuse sont toujours exquis. Nous les apprêtons ici avec deux variétés de haricots noirs, du maïs, des tomates, du cumin et du paprika fumé, une épice aussi connue sous le nom de *pimenton*. Une pluie de parmesan fraîchement râpé viendra rehausser le tout au moment de servir.

4 portions

Préparation: **25 minutes**

Cuisson: **6 heures**

4 hauts de cuisse de poulet désossés et sans peau
400 g (2 ⅓ tasses) de haricots noirs en conserve
400 g (2 ⅓ tasses) de haricots à œil noir (doliques) en conserve
400 g (1 ⅔ tasse) de tomates broyées en conserve
1 petit oignon rouge, en tranches fines
2 gousses d'ail, hachées finement
2 c. à thé de paprika fumé
2 c. à thé de cumin moulu
½ c. à thé d'assaisonnement au chili
2 épis de maïs, épluchés (couper chacun en quatre)
1 c. à thé de fécule de maïs
125 ml (½ tasse) de bouillon de poulet
4 c. à thé d'huile d'olive extra vierge
50 g (½ tasse) de parmesan, râpé finement
Sel et poivre du moulin

1. Régler la mijoteuse à faible intensité.
2. Retirer et jeter le gras de la volaille. Couper les hauts de cuisse en deux.
3. Rincer tous les haricots à l'eau froide dans une passoire en les séparant avec les mains. Égoutter avec soin et déposer dans la cocotte de la mijoteuse. Ajouter les tomates, l'oignon, l'ail et les épices. Saler et poivrer généreusement, puis mélanger avec soin.
4. Déposer les épis de maïs dans la cocotte et placer les morceaux de poulet entre eux en veillant à ce que le tout soit entièrement couvert de la préparation de haricots.
5. Dans un petit bol, dissoudre la fécule de maïs dans le bouillon. Verser dans la cocotte et ajouter l'huile d'olive. Couvrir et cuire pendant 6 heures.
6. Bien mélanger en raclant les parois de la cocotte et en séparant les ingrédients qui pourraient s'être amalgamés.
7. Servir dans un grand plat et saupoudrer de parmesan.

Brocoli citronné aux piments et à la ricotta

Le brocoli ne convient pas uniquement aux plats sautés et aux sauces pour pâtes. Plus robuste qu'il n'y paraît, il peut supporter de longues heures de cuisson. Coupez-le sur la longueur afin que ses tiges restent intactes pendant la cuisson.

4 portions

—

Préparation: **5 minutes**

—

Cuisson: **3 heures**

1 gros brocoli (tiges intactes)
2 gros piments, épépinés et coupés en tranches fines
2 gousses d'ail, hachées finement
½ c. à thé de graines de fenouil
½ c. à thé de flocons de piment
4 c. à soupe d'huile d'olive
4 c. à soupe de bouillon de légumes
460 g (2 tasses) de ricotta faible en gras
2 ½ c. à soupe de jus de citron
1 poignée de feuilles de persil plat
Sel et poivre du moulin
Quartiers de citron

1. Régler la mijoteuse à intensité élevée.

2. Séparer le brocoli en gros bouquets en gardant ses tiges intactes pour l'empêcher de se défaire en cours de cuisson.

3. Mettre le brocoli dans la cocotte de la mijoteuse.

4. Ajouter les piments, l'ail, le fenouil et les flocons de piment. Saler et poivrer généreusement, puis ajouter l'huile d'olive et le bouillon. Couvrir et cuire pendant 3 heures, jusqu'à ce que le brocoli soit tendre sous la fourchette.

5. Étaler la ricotta dans une grande assiette et faire des petites cavités qui recueilleront le jus de cuisson. À l'aide d'une cuillère à égoutter, déposer le brocoli sur la ricotta. Verser du jus de cuisson au goût et arroser de jus de citron. Garnir de persil et accompagner de quartiers de citron.

* sans gluten

Mijoté d'agneau aux haricots blancs et aux tomates

Quoi de mieux qu'une recette qui demande peu d'ingrédients et peu d'efforts de votre part ? L'agneau et les haricots sont cuits tout doucement dans une sauce tomate onctueuse aux piments et au cumin. C'est une bonne idée de toujours avoir un pot de jalapenos marinés dans votre réfrigérateur.

4 portions

Préparation: **15 minutes**

Cuisson: **8 heures**

750 g (1 lb 10 oz) d'agneau maigre
1 oignon jaune, haché finement
4 gousses d'ail, hachées finement
400 g (1 ⅔ tasse) de tomates broyées en conserve
2 ½ c. à soupe de jalapenos marinés en pot (+ 4 c. à thé de la saumure)
1 poignée de persil plat, haché finement
2 c. à thé de cumin moulu
400 g (2 ⅓ tasses) de haricots blancs en conserve, rincés et égouttés
4 c. à thé d'huile d'olive extra vierge
Sel et poivre du moulin

1. Régler la mijoteuse à faible intensité.
2. Retirer et jeter l'excédent de gras de la viande. Couper celle-ci en gros morceaux et la mettre dans la cocotte de la mijoteuse avec l'oignon et l'ail.
3. Dans un bol, mélanger les tomates, les piments et leur saumure, le persil, le cumin et les haricots. Saler et poivrer généreusement. Verser dans la cocotte et ajouter l'huile d'olive. Couvrir et cuire pendant 8 heures.
4. Bien mélanger en raclant les parois de la cocotte. Servir dans un grand plat.

Casserole de saumon poché et de pommes de terre aux fines herbes

Il suffit de faire cuire les pommes de terre à la mijoteuse et d'ajouter ensuite les filets de saumon qu'on laissera pocher pendant 30 minutes dans le jus de cuisson parfumé au piment et aux fines herbes.

4 portions

—

Préparation: **15 minutes**

—

Cuisson: **6 ½ heures**

4 c. à thé de vinaigre de vin rouge
4 c. à thé d'huile d'olive extra vierge
1 gros piment rouge, en tranches fines
2 oignons verts, coupés finement en biseau
12 pommes de terre grelots
1 grosse poignée de feuilles de menthe, ciselées
1 grosse poignée de persil plat, haché finement
1 poignée d'aneth, haché finement
4 filets de saumon de 150 à 180 g (5 à 6 oz) chacun, sans peau ni arêtes
Sel et poivre du moulin
Quartiers de citron

1. Régler la mijoteuse à faible intensité.

2. Dans un grand bol, mélanger le vinaigre de vin, l'huile d'olive, le piment, les oignons verts, les pommes de terre et les fines herbes. Saler et poivrer généreusement, puis mélanger avec soin. Déposer dans la cocotte de la mijoteuse. Couvrir et cuire pendant 6 heures.

3. Mélanger rapidement pour ne pas laisser la chaleur s'échapper. Déposer les filets de saumon sur les pommes de terre. Couvrir et cuire pendant 30 minutes, jusqu'à ce que la chair du poisson soit rose pâle et se défasse facilement à l'aide d'une fourchette.

4. À l'aide d'une cuillère à égoutter, déposer le saumon et les pommes de terre dans une grande assiette. Arroser de jus de cuisson au goût et accompagner de quartiers de citron.

* végétarien * sans gluten

Méli-mélo de haricots à la mode cajun

Les mélanges de haricots en conserve sont très utiles pour préparer des salades à la dernière minute. On peut aussi les apprêter de façon remarquable en les assaisonnant judicieusement d'épices et de fines herbes. Pour ajouter au plaisir, accompagnez-les de nachos et de crème sure.

4 portions

—

Préparation: **25 minutes**

—

Cuisson: **6 heures**

800 g (4 ⅔ tasses) d'un mélange de haricots en conserve, rincés et égouttés
400 g (1 ⅔ tasse) de tomates broyées en conserve
125 ml (½ tasse) de bouillon de légumes
1 c. à thé de fécule de maïs
1 oignon rouge, haché finement
1 branche de céleri, hachée finement
90 g (½ tasse) de poivron rouge grillé, en lanières
2 gousses d'ail, hachées finement
6 brins de thym
3 feuilles de laurier
1 poignée de persil plat, haché finement
2 c. à thé de cumin moulu
2 c. à thé de paprika doux (et un peu plus pour la finition)
½ c. à thé d'assaisonnement au chili
4 c. à thé de ciboulette, ciselée
250 ml (1 tasse) de crème sure faible en gras
Sel et poivre du moulin
Nachos (chips de maïs) sans gluten

1. Régler la mijoteuse à faible intensité.

2. Mettre les haricots dans la cocotte de la mijoteuse. Ajouter les tomates, le bouillon, la fécule de maïs, l'oignon, le céleri, le poivron, l'ail, le thym, le laurier, le persil et les épices. Saler et poivrer généreusement, puis mélanger avec soin. Couvrir et cuire pendant 6 heures, jusqu'à ce que les haricots soient tendres et que la sauce soit plus épaisse.

3. Bien mélanger en raclant les parois de la cocotte. Rectifier l'assaisonnement au besoin.

4. Servir les haricots dans un grand bol et garnir de ciboulette. Verser la crème sure dans un petit bol et saupoudrer de paprika. Accompagner de nachos.

Soupes santé

Soupe au poulet et aux pois chiches

Dans les souks du Maroc, les dômes d'épices colorées qui remplissent les kiosques des marchands évoquent la forme conique des tajines. Cette recette renferme des parfums typiques de la cuisine marocaine, dont le ras-el-hanout, un mélange pouvant contenir jusqu'à une vingtaine d'épices. On en trouve dans les épiceries spécialisées dans les produits du Moyen-Orient et certains magasins d'alimentation naturelle.

4 portions

—

Préparation: **15 minutes**

—

Cuisson: **3 heures**

4 c. à thé d'huile d'olive extra vierge (+ quelques gouttes pour la finition)

2 gousses d'ail, hachées finement

1 petit oignon rouge, haché finement

400 g (1 ⅔ tasse) de tomates broyées en conserve

400 g (2 tasses) de pois chiches en conserve, rincés et égouttés

750 ml (3 tasses) de bouillon de poulet

1 carotte, hachée finement

1 branche de céleri (avec les feuilles), hachée finement

1 c. à thé de cumin moulu

1 c. à thé de paprika doux

¼ de c. à thé de curcuma moulu

½ c. à thé de ras-el-hanout

2 filets de poitrine de poulet

1 petite poignée de feuilles de persil plat

1 petite poignée de feuilles de menthe

Sel et poivre du moulin

1. Régler la mijoteuse à intensité élevée.

2. Dans la cocotte de la mijoteuse, mettre 4 c. à thé d'huile d'olive, l'ail, l'oignon, les tomates, les pois chiches, le bouillon, la carotte, le céleri et les épices. Saler et poivrer généreusement, puis mélanger avec soin. Couvrir et cuire pendant 2 heures.

3. Déposer le poulet dans la soupe. Couvrir et cuire pendant 1 heure, jusqu'à ce que la volaille soit cuite à la perfection. Déposer le poulet sur une planche à découper. Régler la mijoteuse à faible intensité sans ôter le couvercle.

4. Lorsque le poulet a suffisamment refroidi, l'effilocher grossièrement avec les mains ou à l'aide de deux fourchettes, puis le remettre dans la cocotte en remuant.

5. Verser la soupe dans des bols. Garnir de persil et de menthe, puis ajouter quelques gouttes d'huile d'olive.

Soupe aigre-piquante

La saveur prononcée du vinaigre et le goût mordant des piments sont tempérés par la douceur du tofu et des légumes tandis que les nouilles viennent ajouter de la texture à l'ensemble.

4 portions

—

Préparation: **10 minutes**

—

Cuisson: **2 ¼ heures**

4 c. à soupe de sauce soya légère

125 ml (½ tasse) de vinaigre de riz ou de vinaigre noir chinois

6 piments rouges séchés

1 morceau de gingembre de 3 cm (1 ¼ po), en tranches fines

200 g (2 ½ tasses) de champignons shitakés frais (couper les plus gros en deux)

200 g (2 ½ tasses) de petits champignons en bouton

2 oignons verts (partie blanche seulement), en tranches fines

½ c. à thé de poivre noir moulu

½ c. à thé de poivre blanc moulu

2 litres (8 tasses) de bouillon de légumes

2 tomates mûres, en quartiers

100 g (1 ¼ tasse) de champignons enokis (collybies à pied velouté)

300 g (10 oz) de tofu semi-ferme, en cubes

2 ½ c. à soupe de fécule de maïs

200 g (7 oz) de nouilles udon fraîches

1. Régler la mijoteuse à intensité élevée.

2. Dans la cocotte de la mijoteuse, mettre la sauce soya, le vinaigre de riz, les piments, le gingembre, les shitakés, les champignons en bouton, les oignons verts, le poivre noir, le poivre blanc et le bouillon (sauf 125 ml/ ½ tasse). Couvrir et cuire pendant 1 heure.

3. Ajouter les tomates, les enokis et le tofu. Couvrir et cuire pendant 1 heure.

4. Dans un petit bol ou un pot, dissoudre la fécule de maïs dans le reste du bouillon, puis verser dans la cocotte. Ajouter les nouilles et remettre rapidement le couvercle pour ne pas laisser la chaleur s'échapper. Cuire pendant 15 minutes, jusqu'à ce que la soupe soit un peu plus épaisse et que les nouilles soient bien chaudes.

5. Servir la soupe dans de grands bols.

Soupe aux patates, aux petits pois et au poulet effiloché

Il vaut la peine de se procurer des petits pois frais pour cette recette. Pendant la longue cuisson, ils perdront un peu de leur couleur éclatante, mais pas leur goût divinement sucré. Il faut seulement une heure pour faire pocher le poulet, puis on l'effiloche rapidement avant de le remettre dans la soupe.

4 portions

—

Préparation: **25 minutes**

—

Cuisson: **environ 4 heures**

---

2 litres (8 tasses) de bouillon de légumes
1 petit oignon jaune, haché finement
2 gousses d'ail, hachées finement
235 g (1 ½ tasse) de petits pois frais ou surgelés
1 petite patate douce à chair blanche, en petits morceaux
1 carotte, hachée finement
4 petites pommes de terre, en quartiers
1 c. à thé de menthe séchée
2 petits filets de poitrine de poulet
1 poignée de feuilles de menthe
Le zeste de 1 citron, en fines lanières

1. Régler la mijoteuse à intensité élevée.

2. Dans la cocotte de la mijoteuse, mélanger le bouillon, l'oignon, l'ail, les pois, la patate douce, la carotte, les pommes de terre et la menthe séchée. Couvrir et cuire pendant 3 heures, jusqu'à ce que tous les légumes soient tendres.

3. Ajouter rapidement le poulet dans la cocotte pour ne pas laisser la chaleur s'échapper et l'immerger complètement dans la soupe. Couvrir et cuire pendant 1 heure, jusqu'à ce qu'il soit cuit à la perfection.

4. Déposer le poulet dans une assiette ou sur une planche à découper. Régler la mijoteuse à faible intensité sans ôter le couvercle.

5. Lorsque le poulet a suffisamment refroidi, le défaire en lanières avec les mains ou à l'aide de deux fourchettes, puis le remettre dans la cocotte en remuant.

6. Servir la soupe dans des bols. Garnir de menthe fraîche et de zeste de citron.

* sans gluten

Soupe au poulet parfumée au riz au jasmin

On fait souvent sauter la laitue au wok dans la cuisine chinoise, mais la mijoteuse lui confère une texture soyeuse inégalée. La simplicité de cette soupe rappelle le *congee*, une bouillie de riz très appréciée en Chine.

4 portions

—

Préparation: **20 minutes**

—

Cuisson: **environ 3 heures**

---

8 pilons de poulet sans peau
1,5 litre (6 tasses) de bouillon de poulet
4 c. à thé de tamari sans gluten
2 ½ c. à soupe de jus de citron
1 gousse d'ail, broyée
1 morceau de gingembre de 3 cm (1 ¼ po), râpé finement
50 g (¼ de tasse) de riz au jasmin
½ laitue iceberg, effilochée
1 petite poignée de coriandre fraîche, hachée finement
Quartiers de citron
Huile de sésame
Poivre blanc

1. Régler la mijoteuse à intensité élevée.

2. Mettre le poulet dans la cocotte de la mijoteuse. Ajouter le bouillon, le tamari, le jus de citron, l'ail et le gingembre, puis disperser le riz. Remuer délicatement afin que le riz soit entièrement couvert de bouillon. Couvrir et cuire pendant 2 ½ heures.

3. À l'aide d'une cuillère à égoutter, déposer le poulet dans une assiette. Garder la mijoteuse couverte pendant que le poulet refroidit. Lorsque le poulet a suffisamment refroidi, le désosser et l'effilocher avec soin, puis le remettre dans la cocotte. Ajouter la laitue et la coriandre. Couvrir et cuire pendant 30 minutes pour attendrir la laitue.

4. Servir la soupe dans de grands bols. Accompagner de quartiers de citron. Ajouter quelques gouttes d'huile de sésame et un peu de poivre blanc.

Soupe aux haricots noirs, au riz brun et à la bette à carde

La bette à carde mérite une place de choix en cuisine. En plus d'être économique, elle remplace à merveille les autres légumes à feuilles vertes. Elle s'accommode très bien avec les légumineuses, dont les superbes haricots à œil noir.

4 portions

—

Préparation: **15 minutes**

—

Trempage: **8 à 12 heures**

—

Cuisson: **6 heures**

185 g (1 tasse) de haricots à œil noir (doliques) secs
100 g (½ tasse) de riz basmati brun
1 litre (4 tasses) de bouillon de légumes
400 g (1 ⅔ tasse) de tomates broyées en conserve
1 poireau (partie blanche seulement), en tranches fines
1 branche de céleri, hachée finement
1 poignée de persil plat, haché grossièrement
2 ½ c. à soupe d'huile d'olive extra vierge
4 grandes feuilles de bette à carde
Sel et poivre du moulin

1. Faire tremper les haricots toute la nuit dans un bol d'eau froide.

2. Le lendemain, régler la mijoteuse à intensité élevée.

3. Dans la cocotte de la mijoteuse, mettre les haricots égouttés, le riz, le bouillon, les tomates, le poireau, le céleri, la moitié du persil et 4 c. à thé d'huile d'olive. Saler et poivrer généreusement, puis mélanger avec soin. Couvrir et cuire pendant 4 heures.

4. Retirer et jeter la tige centrale des feuilles de bette à carde. Effilocher finement les feuilles et les mettre dans la cocotte. Couvrir et cuire pendant 2 heures, jusqu'à ce que les haricots soient tendres et que la bette à carde soit bien ramollie.

5. Servir la soupe dans de grands bols. Répartir le reste du persil et de l'huile d'olive.

Soupe au chou noir de Toscane et aux haricots blancs

Le chou noir de Toscane, appelé *cavalo nero* en Italie, est exceptionnel dans les soupes. Ses feuilles ridées demeurent fermes et savoureuses malgré la longue cuisson et elles deviennent pratiquement noires comme de l'encre (*nero* signifie noir en italien).

4 portions

—

Préparation: **15 minutes**

—

Cuisson: **3 heures**

1,5 litre (6 tasses) de bouillon de légumes
1 petit oignon jaune, haché finement
1 branche de céleri, hachée finement
2 gousses d'ail, hachées finement
65 g (⅓ de tasse) de riz basmati blanc
400 g (2 ⅓ tasses) de haricots blancs en conserve, rincés et égouttés
2 bottes de chou noir de Toscane, hachées finement
4 c. à soupe de jus de citron
1 petite poignée de persil plat, haché finement
4 c. à thé d'huile d'olive extra vierge
25 g (¼ de tasse) de parmesan, râpé finement

1. Régler la mijoteuse à intensité élevée.
2. Dans la cocotte de la mijoteuse, mélanger le bouillon, l'oignon, le céleri, l'ail et le riz. Couvrir et cuire pendant 2 heures, jusqu'à ce que le riz et les légumes soient tendes.
3. Ajouter les haricots et le chou. Couvrir et cuire pendant 1 heure, jusqu'à ce que le chou soit tendre.
4. Incorporer le jus de citron et le persil. Verser dans un grand bol ou une soupière. Verser l'huile d'olive et saupoudrer de parmesan. Servir dans des bols individuels.

* végétalien * sans gluten

Soupe aux lentilles, à la courge et à la lime marinée

Très populaire dans la cuisine indienne, la lime marinée est vendue en pot dans la plupart des supermarchés. Ce condiment sucré et épicé accompagne bien les caris. Il est aussi très bon avec des craquelins et du cheddar. Il suffit d'une petite quantité pour ajouter une saveur piquante irrésistible à cette soupe.

4 portions

—

Préparation: **20 minutes**

—

Cuisson: **environ 4 heures**

300 g (1 ½ tasse) de lentilles rouges (corail)

1,5 litre (6 tasses) de bouillon de légumes pauvre en sel

2 ½ c. à soupe de lime marinée indienne, hachée

500 g (3 ½ tasses) de courge à chair orange, pelée, épépinée et coupée en cubes

4 c. à thé d'huile d'olive

1 oignon rouge, haché finement

1 c. à thé de graines de cumin

1 grosse tomate, hachée finement

1 poignée de feuilles de menthe

1 poignée de brins d'aneth

Sel et poivre du moulin

1. Régler la mijoteuse à intensité élevée.

2. Dans la cocotte de la mijoteuse, mélanger les lentilles, le bouillon et la lime marinée. Couvrir et cuire pendant 2 heures.

3. Ajouter rapidement la courge pour ne pas laisser la chaleur s'échapper, puis saler généreusement. Couvrir et cuire pendant 2 heures, jusqu'à ce que la courge et les lentilles soient tendres. Régler la mijoteuse à faible intensité sans ôter le couvercle.

4. Chauffer l'huile d'olive dans une petite casserole à feu vif. Faire dorer l'oignon de 8 à 10 minutes. Ajouter les graines de cumin et remuer pendant 1 minute, jusqu'à ce qu'elles commencent à éclater et à grésiller. Mettre l'oignon et la tomate dans la soupe en remuant. Poivrer au goût et ajouter un peu de sel au besoin.

5. Servir la soupe dans de petits bols et garnir de fines herbes.

Soupe aux dumplings et aux légumes chinois

Vous pouvez faire la préparation pour dumplings à l'avance et la garder au réfrigérateur, mais rien ne vous empêche de les façonner à la dernière minute. Cette soupe santé est généreuse en légumes verts et en saveur umami. N'y a-t-il pas quelque chose de magique à verser un peu d'huile de sésame dans une soupe chaude ?

4 portions

—

Préparation : **30 minutes**

—

Cuisson : **4 heures**

1,5 litre (6 tasses) de bouillon de poulet
4 c. à thé de sauce soya ou tamari
4 c. à thé de mirin
2 branches de céleri, en tranches fines
¼ de chou chinois, haché
1 petite botte de brocoli chinois (*gai lon*)
200 g (7 oz) de fines nouilles aux œufs chinoises fraîches
1 oignon vert, coupé très finement en biseau
Huile de sésame

DUMPLINGS AU POULET
500 g (1 lb) de poulet haché
1 oignon vert, en tranches fines
2 châtaignes d'eau en conserve, égouttées et hachées finement
4 c. à thé de gingembre, râpé finement
4 c. à thé de fécule de maïs
2 c. à thé de flocons d'algue nori
1 c. à thé de sauce soya ou tamari

1. Dumplings au poulet : bien mélanger tous les ingrédients dans un bol. Couvrir et réserver au réfrigérateur.

2. Régler la mijoteuse à intensité élevée.

3. Dans la cocotte de la mijoteuse, mélanger le bouillon, la sauce soya, le mirin, le céleri et le chou. Retirer et jeter les parties coriaces du brocoli, puis séparer les tiges et les feuilles en les gardant entières. Déposer dans la cocotte et bien mélanger. Couvrir et cuire pendant 1 ½ heure pour attendrir les légumes. Ne pas ôter le couvercle pendant la préparation des dumplings.

4. Avec les mains légèrement humectées, façonner la préparation de poulet en boulettes de la grosseur d'une noix, puis les déposer dans la cocotte. Couvrir et cuire pendant 2 heures, jusqu'à ce que les dumplings soient cuits à la perfection.

5. Dans une passoire, rincer les nouilles à l'eau bouillante pour éliminer l'excédent d'amidon. Déposer les nouilles bien égouttées dans la mijoteuse. Couvrir et cuire pendant 30 minutes pour les attendrir.

6. Servir la soupe dans de grands bols. Parsemer d'oignon vert et ajouter quelques gouttes d'huile de sésame.

* végétalien * sans gluten

Soupe au sarrasin, aux champignons et au poireau

La cuisson à la mijoteuse rend les poireaux extrêmement tendres en mettant en valeur leur douceur naturelle qui rehausse si bien les quiches, les pot-au-feu et les soupes. Les champignons ajoutent de l'umami au bouillon tandis que le sarrasin l'imprègne d'un savoureux goût de noisette.

4 portions

—

Préparation: **10 minutes**

—

Cuisson: **environ 4 heures**

---

2 litres (8 tasses) de bouillon de légumes
195 g (1 tasse) de grains de sarrasin
2 carottes, hachées finement
2 branches de céleri, hachées finement
2 gousses d'ail, broyées
1 petite poignée de persil plat, haché finement
4 c. à thé d'huile d'olive
1 poireau, en tranches fines
180 g (2 tasses) de champignons de Paris blancs, hachés grossièrement
180 g (2 tasses) de champignons café, en tranches fines
Sel et poivre du moulin

1. Régler la mijoteuse à intensité élevée.

2. Dans la cocotte de la mijoteuse, mélanger le bouillon, le sarrasin, les carottes, le céleri, l'ail et la moitié du persil. Couvrir et cuire pendant 3 heures, jusqu'à ce que le sarrasin soit tendre.

3. Chauffer l'huile d'olive dans une grande poêle à feu vif. Faire revenir le poireau quelques minutes pour l'attendrir. Ajouter tous les champignons, puis saler et poivrer au goût. Cuire 5 minutes, puis verser le contenu de la poêle dans la mijoteuse en mélangeant avec soin. Couvrir et cuire pendant 1 heure.

4. Garnir du reste du persil au moment de servir.

Soupe au chou-fleur et au céleri-rave

Le céleri-rave a un goût à la fois de navet et de céleri. Malgré son apparence peu appétissante, ce tubercule à chair croquante et à saveur légèrement piquante donne énormément de goût aux soupes.

4 portions

—

Préparation: **20 minutes**

—

Cuisson: **5 heures**

1 petit chou-fleur
1 petit céleri-rave, pelé et haché
4 gousses d'ail, hachées
1 litre (4 tasses) de bouillon de légumes
2 ½ c. à soupe de cari doux en poudre
4 c. à thé de fécule de maïs
250 ml (1 tasse) de yogourt grec nature
1 poignée de cerfeuil ou de petites feuilles de coriandre
Pains naans de blé entier, grillés

1. Régler la mijoteuse à intensité élevée.

2. Retirer et jeter les feuilles et les parties coriaces du chou-fleur avant de le hacher grossièrement en gros bouquets. Déposer dans la cocotte de la mijoteuse avec le céleri-rave et l'ail.

3. Dans un bol, mélanger le bouillon, le cari et la fécule de maïs. Verser dans la cocotte et remuer. Couvrir et cuire pendant 4 heures, jusqu'à ce que les légumes soient tendres.

4. À l'aide d'un pied-mélangeur, réduire la préparation en soupe lisse. (On peut aussi faire cette étape au robot culinaire et reverser la soupe dans la mijoteuse.)

5. Incorporer le yogourt. Couvrir et cuire pendant 1 heure, jusqu'à ce que la soupe soit bien chaude.

6. Servir la soupe dans de grands bols. Garnir de fines herbes et accompagner de naans grillés.

Soupe à l'orge, aux cèpes et aux épinards

On ne se trompe jamais en ajoutant des champignons dans les plats préparés à la mijoteuse. Leur texture, semblable à celle de la viande, rehausse diverses préparations comme par magie. Les supermarchés offrent un choix de champignons de plus en plus intéressant. Profitez-en!

4 portions

Préparation: **10 minutes**

Cuisson: **3 ½ heures**

200 g (1 tasse) d'orge perlé
50 g (¼ de tasse) de riz basmati brun
2 litres (8 tasses) de bouillon de légumes
1 petit oignon, haché finement
1 gousse d'ail, hachée finement
1 carotte, haché finement
2 branches de céleri, hachées finement
30 g (¾ de tasse) de cèpes séchés, hachés
1 grosse poignée de persil plat, haché finement
4 grosses poignées de jeunes épinards
100 g (1 tasse) de parmesan, râpé finement
Sel et poivre du moulin
Pain de seigle

1. Régler la mijoteuse à intensité élevée.

2. Dans la cocotte de la mijoteuse, mettre l'orge, le riz, le bouillon, l'oignon, l'ail, la carotte, le céleri, les cèpes et la moitié du persil. Saler et poivrer généreusement, puis mélanger avec soin. Couvrir et cuire pendant 3 heures.

3. Ajouter les épinards, le reste du persil et la moitié du parmesan. Couvrir et cuire pendant 30 minutes, jusqu'à ce que l'orge et les épinards soient tendres.

4. Servir la soupe dans des bols. Saupoudrer du reste du parmesan et accompagner de pain de seigle.

Soupe persillée aux pois chiches

Cette soupe rafraîchissante est semblable au taboulé. On peut laisser tomber les feuilles de laitue dans la soupe chaude pour les attendrir ou les utiliser pour prendre et manger les pois chiches.

4 portions

—

Préparation: **25 minutes**

—

Cuisson: **2 ½ heures**

400 g (2 tasses) de pois chiches en conserve, rincés et égouttés
400 g (1 ⅔ tasse) de tomates broyées en conserve
1 litre (4 tasses) de bouillon de légumes
1 c. à thé de thym séché
2 c. à thé de cumin moulu
55 g (¼ de tasse) de boulgour fin
1 grosse poignée de persil frisé, haché finement
1 oignon rouge, haché finement
2 ½ c. à soupe d'huile d'olive
1 poignée de menthe, ciselée
Sel et poivre du moulin
2 petites laitues romaines (sucrines)
Quartiers ou rondelles de citron

1. Régler la mijoteuse à intensité élevée.

2. Dans la cocotte de la mijoteuse, mettre les pois chiches, les tomates, le bouillon, le thym et le cumin. Saler et poivrer généreusement, puis mélanger avec soin. Couvrir et cuire pendant 2 heures, jusqu'à ce que les pois chiches soient tendres.

3. Ajouter le boulgour, le persil, l'oignon et 4 c. à thé d'huile d'olive. Couvrir et cuire pendant 30 minutes, jusqu'à ce que le boulgour soit tendre. Incorporer la menthe.

4. Séparer les feuilles de laitue. Servir la soupe dans des bols. Accompagner de laitue et de citron.

5. Déguster en plongeant la laitue dans la soupe pour l'attendrir. Ajouter quelques gouttes de jus de citron et le reste de l'huile d'olive.

* végétarien

Soupe aux lentilles, au riz et aux vermicelles

Légèrement épicée au cumin et à la cannelle, cette soupe renferme une bonne quantité de protéines végétales grâce à la combinaison de riz et de légumineuses. En Iran, on la sert traditionnellement la veille du nouvel an du calendrier persan.

6 portions

Préparation: **20 minutes**

Cuisson: **3 heures**

400 g (2 tasses) de lentilles brunes en conserve
400 g (2 tasses) de gourganes en conserve
400 g (2 tasses) de haricots blancs (cannellinis) en conserve
1,5 litre (6 tasses) de bouillon de légumes
400 g (1 ⅔ tasse) de tomates cerises en conserve
2 ½ c. à soupe de pâte de tomates
1 c. à thé de cumin moulu
½ c. à thé de cannelle moulue
½ c. à thé de menthe séchée
1 grosse poignée de persil plat, haché finement
65 g (⅓ de tasse) de riz basmati blanc
60 g (⅔ de tasse) de vermicelles aux œufs, en morceaux de 2,5 cm (1 po)
Huile d'olive extra vierge
Sel et poivre du moulin
Quartiers de citron

1. Régler la mijoteuse à intensité élevée.

2. Rincer les lentilles, les gourganes et les haricots à l'eau froide dans une passoire en les séparant avec les mains. Égoutter avec soin et déposer dans la cocotte de la mijoteuse. Ajouter le bouillon, les tomates, la pâte de tomates, le cumin, la cannelle, la menthe et le persil. Saler et poivrer généreusement, puis mélanger avec soin. Couvrir et cuire pendant 2 heures.

3. Ajouter le riz et les vermicelles. Couvrir et cuire pendant 1 heure, jusqu'à ce qu'ils soient tendres.

4. Servir la soupe dans des bols. Ajouter quelques gouttes d'huile d'olive et accompagner de quartiers de citron.

Soupe aux haricots, au maïs et à la courge

Les peuples autochtones d'Amérique considèrent les haricots, le maïs et la courge (ou la citrouille) comme trois sœurs qui grandissent côte à côte. Le maïs frais donne une texture vraiment unique à cette soupe très consistante.

4 portions

Préparation: **10 minutes**

Cuisson: **3 heures**

2 épis de maïs, épluchés
400 g (2 tasses) de haricots rouges en conserve
400 g (2 tasses) de haricots blancs (cannellinis) en conserve
1 litre (4 tasses) de bouillon de légumes
400 g (1 ⅔ tasse) de tomates broyées en conserve
150 g (1 tasse) de courge à chair orange, en cubes
2 gousses d'ail, broyées
2 c. à thé de cumin moulu
1 c. à thé d'origan séché
½ c. à thé d'assaisonnement au chili
1 grosse poignée de haricots verts, en morceaux de 2,5 cm (1 po)
4 c. à thé d'huile d'olive
Sel et poivre du moulin

1. Régler la mijoteuse à intensité élevée.

2. Égrener les épis de maïs. Rincer les haricots en conserve à l'eau froide dans une passoire en les séparant avec les mains. Égoutter avec soin et déposer dans la cocotte de la mijoteuse.

3. Ajouter le maïs, le bouillon, les tomates, la courge, l'ail, le cumin, l'origan et l'assaisonnement au chili. Saler et poivrer généreusement, puis mélanger avec soin. Couvrir et cuire pendant 2 heures.

4. Ajouter les haricots verts et remettre rapidement le couvercle pour ne pas laisser la chaleur s'échapper. Cuire pendant 1 heure, jusqu'à ce que tous les légumes soient tendres.

5. Servir dans de grands bols et ajouter quelques gouttes d'huile d'olive.

Soupe aux carottes et à l'avoine

Le ras-el-hanout est le *nec plus ultra* des épices marocaines. À l'origine, il s'agissait d'un mélange d'épices exotiques unique à chaque marchand. Dans cette recette, il parfume judicieusement les carottes cuites tout doucement. Pour faire une soupe végane, omettez le yogourt.

4 portions

—

Préparation: **25 minutes**

—

Cuisson: **4 heures**

2 litres (8 tasses) de bouillon de légumes
4 carottes, hachées finement
1 pomme de terre, pelée et hachée finement
50 g (½ tasse) de flocons d'avoine ordinaires (éviter ceux à cuisson rapide)
1 petit oignon jaune, haché finement
2 gousses d'ail, hachées finement
1 c. à thé de gingembre moulu
2 c. à thé de ras-el-hanout
4 c. à soupe de pâte de tomates
1 petite botte de coriandre (feuilles et tiges), hachée grossièrement
2 ½ c. à soupe de miel
4 c. à thé de graines de sésame, grillées
Yogourt nature (facultatif)
Sel et poivre du moulin

1. Régler la mijoteuse à intensité élevée.

2. Dans la cocotte de la mijoteuse, mettre le bouillon, les carottes, la pomme de terre, l'avoine, l'oignon, l'ail, le gingembre, le ras-el-hanout et la pâte de tomates. Saler et poivrer généreusement, puis mélanger avec soin. Couvrir et cuire pendant 4 heures, jusqu'à ce que les carottes soient très tendres.

3. À l'aide d'un pied-mélangeur, réduire la préparation en soupe lisse et épaisse. (On peut aussi faire cette étape au robot culinaire et reverser la soupe dans la mijoteuse.) Incorporer la coriandre.

4. Servir dans de grands bols. Arroser de miel et parsemer de graines de sésame. Garnir d'une grosse cuillerée de yogourt au goût.

Soupe aux poireaux avec toasts à la ricotta

Voici une variante santé et sans beurre de la fameuse soupe à l'oignon française. On fait suer les poireaux à la poêle avant de les mettre dans la cocotte de la mijoteuse afin que leur texture devienne très soyeuse. N'hésitez pas à tremper les toasts à la ricotta dans la soupe ou, si le bol est assez grand, laissez-les flotter à la surface.

4 portions

—

Préparation: **20 minutes**

—

Cuisson: **environ 3 heures**

2 ½ c. à soupe d'huile d'olive
2 gros poireaux, en tranches fines
4 gousses d'ail, hachées finement
2 c. à thé de feuilles de thym
1 feuille de laurier
1,5 litre (6 tasses) de bouillon de légumes
2 ½ c. à soupe de sauce Worcestershire
4 c. à thé de fécule de maïs
115 g (½ tasse) de ricotta faible en gras
4 tranches de pain de seigle, grillées
4 c. à thé de ciboulette, ciselée
1 poignée de persil plat, haché grossièrement

1. Régler la mijoteuse à intensité élevée.

2. Chauffer l'huile d'olive dans une poêle à feu vif. Attendrir les poireaux avec l'ail et le thym de 4 à 5 minutes. Déposer dans la cocotte de la mijoteuse, puis ajouter le laurier, le bouillon, la sauce Worcestershire et la fécule de maïs. Remuer avec soin pour bien dissoudre la fécule. Couvrir et cuire pendant 3 heures, jusqu'à ce que les poireaux soient très tendres. Régler la mijoteuse à faible intensité sans ôter le couvercle.

3. Tartiner la ricotta sur le pain grillé.

4. Servir la soupe dans des bols. Garnir de ciboulette et de persil, puis accompagner de toasts à la ricotta.

* végétalien * sans gluten

Soupe aux pois et aux haricots

Le zaatar est un mélange de fines herbes et d'épices utilisé couramment dans la cuisine du Moyen-Orient. Il renferme notamment du thym, du sumac et des graines de sésame. Il est délicieux dans les soupes ainsi que sur les pitas trempés dans l'huile d'olive et les œufs bouillis.

4 portions

—

Préparation: **20 minutes**

—

Cuisson: **4 heures**

500 g (2 tasses) d'un mélange à soupe de pois et de haricots secs

2 litres (8 tasses) de bouillon de légumes

250 ml (1 tasse) de coulis de tomates (*passata*)

2 petites carottes, en tranches fines

1 branche de céleri, en tranches fines

3 gousses d'ail, hachées finement

1 petite poignée de persil plat, haché finement

2 feuilles de laurier

4 c. à thé d'huile d'olive

Sel et poivre du moulin

Zaatar

1. Régler la mijoteuse à intensité élevée.
2. Dans la cocotte de la mijoteuse, mélanger tous les ingrédients, sauf le sel, le poivre et le zaatar.
3. Saler et poivrer généreusement, puis mélanger avec soin. Couvrir et cuire pendant 4 heures, jusqu'à ce que les pois et les haricots soient tendres.
4. Servir la soupe dans des bols et saupoudrer de zaatar au goût.

Soupe au tofu et au kimchi

Le kimchi est un mélange de chou fermenté, d'ail et de piments qui s'apparente à la choucroute. Très apprécié en Chine et en Corée, il est de plus en plus populaire chez nous. Il est désormais facile de s'en procurer dans les supermarchés et les magasins d'alimentation naturelle.

4 portions

—

Préparation: **15 minutes**

—

Cuisson: **environ 3 heures**

4 c. à thé d'huile végétale
1 oignon jaune, en tranches
200 g (1 tasse) de kimchi, haché grossièrement
2 gousses d'ail, broyées
4 c. à thé de gingembre, râpé finement
¼ de c. à thé d'assaisonnement au chili
8 petits champignons shitakés frais
375 g (2 ⅔ tasses) de tranches de pousses de bambou en conserve, égouttées
300 g (10 oz) de tofu ferme mariné, en tranches épaisses
250 ml (1 tasse) de bouillon de légumes
4 c. à thé de tamari sans gluten
4 c. à thé de mirin
2 tomates, hachées grossièrement

1. Régler la mijoteuse à intensité élevée.

2. Chauffer l'huile végétale dans une poêle à feu vif. Faire dorer l'oignon de 3 à 4 minutes. Ajouter le kimchi, l'ail, le gingembre et l'assaisonnement au chili. Réserver.

3. Dans la cocotte de la mijoteuse, mettre les shitakés, les pousses de bambou et le tofu. Verser la préparation de kimchi sur les champignons, puis ajouter le bouillon, le tamari et le mirin. Couvrir et cuire pendant 2 heures.

4. Ajouter les tomates et remettre rapidement le couvercle pour ne pas laisser la chaleur s'échapper. Cuire pendant 1 heure, jusqu'à ce que les tomates soient tendres et commencent à se défaire.

5. Servir la soupe dans des bols.

* végétalien * sans gluten

Soupe aux lentilles, au chou frisé et aux tomates séchées

Contrairement aux tomates fraîches, les tomates séchées ne se défont pas pendant la cuisson. Même si la recette demande peu d'épices, cette soupe a un goût étonnamment relevé. Si vous n'êtes pas intolérant au gluten, servez-la avec des naans chauds ou d'autres pains plats indiens.

4 portions

—

Préparation: **20 minutes**

—

Cuisson: **3 heures**

400 g (2 tasses) de lentilles rouges (corail)
2 litres (8 tasses) de bouillon de légumes
75 g (½ tasse) de tomates séchées
100 g (1 ½ tasse) de feuilles de chou frisé (*kale*) miniature
3 oignons verts, en tranches fines
½ c. à thé de curcuma moulu
1 c. à thé d'origan séché
1 petite poignée de persil plat, haché finement
4 c. à thé d'huile d'olive
Sel et poivre du moulin

1. Régler la mijoteuse à intensité élevée.

2. Dans la cocotte de la mijoteuse, mélanger les lentilles, le bouillon, les tomates séchées, le chou, les oignons verts, le curcuma et l'origan. Saler et poivrer généreusement. Couvrir et cuire pendant 3 heures, jusqu'à ce que les lentilles et les légumes soient très tendres.

3. Servir la soupe dans de grands bols. Garnir de persil et ajouter quelques gouttes d'huile d'olive.

Caris délices

Panir avec petits pois et épinards

Le panir est un fromage blanc très utilisé dans la cuisine indienne. Il s'agit d'une excellente source de protéines. Vous pourrez vous en procurer dans les épiceries spécialisées dans les produits de l'Inde. Il n'est pas mauvais que les petits pois restent un peu croquants dans cette recette.

4 portions

—

Préparation: **15 minutes**

—

Cuisson: **environ 3 heures**

750 g (4 ½ tasses) d'épinards surgelés
150 g (1 tasse) de petits pois surgelés
4 c. à thé d'huile végétale
1 oignon jaune, haché finement
4 gousses d'ail, hachées grossièrement
2 ½ c. à soupe de gingembre, haché grossièrement
2 c. à thé de cumin moulu
2 c. à thé de coriandre moulue
½ c. à thé de garam masala
½ c. à thé d'assaisonnement au chili
1 c. à thé de sel marin fin
150 g (5 tasses) de jeunes épinards
2 c. à thé d'huile d'olive
400 g (14 oz) de panir, en cubes
Riz basmati brun, cuit

1. Régler la mijoteuse à intensité élevée.

2. Dans la cocotte de la mijoteuse, mélanger les épinards surgelés et la moitié des pois. Couvrir et cuire pendant 2 heures en remuant à mi cuisson.

3. Chauffer l'huile végétale dans une petite casserole à feu moyen-vif. Faire dorer l'oignon avec l'ail et le gingembre de 8 à 10 minutes. Ajouter les épices, puis verser dans la mijoteuse. Ajouter le sel, les jeunes épinards et le reste des pois. Couvrir et cuire pendant 30 minutes, jusqu'à ce que les épinards frais soient tendres.

4. À l'aide d'un pied-mélangeur, mixer rapidement la préparation sans la rendre trop lisse. (On peut aussi faire cette étape au robot culinaire et reverser la préparation dans la mijoteuse.) Régler la mijoteuse à faible intensité sans ôter le couvercle.

5. Chauffer l'huile d'olive dans une poêle antiadhésive à feu vif. Faire dorer le panir 1 minute de chaque côté.

6. Servir le cari de légumes sur un lit de riz brun et accompagner de panir doré.

Cari de crevettes et de courge à l'ananas

Il existe différents types de pâtes de cari. La jaune est délicatement parfumée et a un léger goût d'épices grillées. La rouge, préparée avec des piments rouges, est un peu plus piquante tandis que la verte, à base de piments verts, est la plus forte des trois. Les pâtes de cari thaïes sont généralement de bonne qualité.

4 portions

—

Préparation: **20 minutes**

—

Cuisson: **3 ½ heures**

55 g (¼ de tasse) de pâte de cari jaune thaïe
250 ml (1 tasse) de lait de coco faible en gras
250 ml (1 tasse) de bouillon de légumes
4 c. à thé de fécule de maïs
4 c. à thé de sauce de poisson
4 c. à thé de cassonade
6 feuilles de lime kaffir
2 tiges de citronnelle (partie blanche seulement)
1 petite patate douce, en rondelles de 1 cm (½ po)
400 g (2 ⅔ tasses) de courge à chair orange non pelée, en quartiers
200 g (1 ¼ tasse) d'ananas frais, en quartiers fins
8 tomates cerises
36 crevettes crues (environ 500 g/1 lb), décortiquées et déveinées (garder les queues intactes)
1 poignée d'un mélange d'herbes asiatiques (ex.: coriandre, menthe, basilic thaï)
35 g (¼ de tasse) d'arachides grillées

1. Régler la mijoteuse à intensité élevée.

2. Dans la cocotte de la mijoteuse, mélanger la pâte de cari, le lait de coco, le bouillon, la fécule de maïs, la sauce de poisson, la cassonade et les feuilles de lime. Écraser la citronnelle à l'aide d'un rouleau à pâtisserie avant de l'ajouter à la préparation. Bien mélanger jusqu'à ce que la fécule soit parfaitement dissoute. (Il est normal que la pâte de cari ne soit pas complètement dissoute. La cuisson achèvera sa dissolution.)

3. Ajouter la patate douce, la courge, l'ananas et les tomates. Couvrir et cuire pendant 2 heures, jusqu'à ce que la sauce bouillonne sur le pourtour de la cocotte.

4. En procédant rapidement pour ne pas laisser la chaleur s'échapper, remuer doucement en prenant soin de garder les légumes intacts. Couvrir et cuire pendant 1 heure, jusqu'à ce que les légumes soient très tendres.

5. Mettre les crevettes dans la mijoteuse en les couvrant entièrement de sauce. Remettre rapidement le couvercle et cuire pendant 30 minutes, jusqu'à ce qu'elles soient roses et cuites à la perfection.

6. Servir le cari dans des bols. Garnir de fines herbes et d'arachides.

* végétalien * sans gluten

Cari de tomates aux cajous

Vous pouvez acheter des cajous grillés ou les faire griller vous-même en les étalant sur une plaque. Mettez-les dans le four préchauffé à 180 °C (350 °F) environ 10 minutes, jusqu'à ce qu'ils soient dorés, en prenant soin de les remuer de temps à autre.

4 portions

—

Préparation: **15 minutes**

—

Cuisson: **environ 3 heures**

---

310 g (2 tasses) de noix de cajou grillées
400 g (1 ⅔ tasse) de tomates broyées en conserve
2 ½ c. à soupe de pâte de tomates
4 c. à thé d'huile d'olive
1 oignon jaune, haché
2 gousses d'ail, hachées
4 c. à thé de gingembre, râpé finement
24 feuilles de murraya (*curry leaves*)
1 bâton de cannelle
1 c. à thé de cumin moulu
½ c. à thé de curcuma moulu
¼ de c. à thé d'assaisonnement au chili
250 ml (1 tasse) de lait de coco faible en gras
1 poignée de coriandre, hachée grossièrement
Sel et poivre du moulin
Riz basmati brun ou riz rouge du Sri Lanka, cuit
Quartiers de lime

1. Régler la mijoteuse à intensité élevée.

2. Dans la cocotte de la mijoteuse, mélanger les noix, les tomates et la pâte de tomates.

3. Chauffer l'huile d'olive dans une poêle à feu vif. Faire revenir l'oignon avec l'ail et le gingembre de 2 à 3 minutes pour l'attendrir. Ajouter les feuilles de murraya et les laisser grésiller 1 minute. Verser le contenu de la poêle dans la mijoteuse. Ajouter les épices et le lait de coco. Saler et poivrer généreusement en mélangeant avec soin. Couvrir et cuire pendant 2 heures.

4. Remuer et remettre rapidement le couvercle pour ne pas laisser la chaleur s'échapper. Cuire pendant 1 heure pour attendrir légèrement les noix. Incorporer la moitié de la coriandre.

5. Servir le cari sur un lit de riz. Garnir du reste de la coriandre et accompagner de quartiers de lime.

Cari de poulet et de patates douces

Cette recette donne aussi de bons résultats avec des filets ou de la poitrine de poulet. Les os des pilons soumis à une longue cuisson donnent toutefois plus de saveur à ce plat. Si vous n'êtes pas familier avec la cuisine vietnamienne, voilà une bonne façon de vous initier.

4 portions

—

Préparation: **30 minutes**

—

Cuisson: **3 heures**

---

500 g (3 tasses) de patates douces, pelées et coupées en cubes
2 carottes, en tranches épaisses
1 petite botte de coriandre
2 tiges de citronnelle (partie blanche seulement), hachées grossièrement
3 gousses d'ail, hachées finement
4 c. à thé de gingembre, râpé finement
4 c. à thé de sauce de poisson
2 ½ c. à soupe de poudre de cari doux
2 c. à thé de fécule de maïs
500 ml (2 tasses) de bouillon de poulet
8 pilons de poulet sans peau
3 anis étoilés

1. Régler la mijoteuse à intensité élevée.

2. Déposer les patates douces et les carottes dans la cocotte de la mijoteuse.

3. Bien nettoyer et laver les racines et les tiges de coriandre. Hacher grossièrement les racines et une partie des tiges. Réserver le reste.

4. Au robot culinaire, faire une pâte avec les racines et les tiges de coriandre hachées, la citronnelle, l'ail, le gingembre, la sauce de poisson, le cari, la fécule de maïs et le bouillon. Verser dans un bol et ajouter le poulet et l'anis étoilé. Bien enrober la volaille de sauce.

5. Déposer les pilons sur les légumes dans la mijoteuse, puis les couvrir de pâte épicée. Couvrir et cuire pendant 2 heures. Retourner rapidement les pilons dans la sauce pour ne pas laisser la chaleur s'échapper. Couvrir et cuire pendant 1 heure, jusqu'à ce qu'ils soient cuits à la perfection.

6. Entre-temps, hacher grossièrement les tiges et les feuilles de coriandre réservées. Verser le cari dans un grand plat, puis le servir dans de grands bols. Garnir de coriandre hachée.

* végétalien * sans gluten

Dahl tout simple

La quantité de liquide peut sembler exagérée, mais les lentilles finiront par l'absorber en cours de cuisson. On trouve de la garniture croustillante d'oignons frits dans la plupart des supermarchés, mais cet ingrédient n'est pas indispensable. Les restes de dahl sont excellents une fois réchauffés et servis avec du riz, des naans ou des pitas.

4 portions

—

Préparation: **20 minutes**

—

Cuisson: **environ 3 ½ heures**

4 c. à thé d'huile d'olive
1 oignon jaune, haché
2 gros piments verts, coupés en deux sur la longueur
1 morceau de gingembre de 3 cm (1 ¼ po), râpé grossièrement
4 gousses d'ail, hachées grossièrement
24 feuilles de murraya (*curry leaves*)
1 c. à thé de graines de cumin
½ c. à thé de graines de moutarde brune
½ c. à thé d'assaisonnement au chili
½ c. à thé de curcuma moulu
255 g (1 ¼ tasse) de lentilles jaunes ou de pois cassés
400 ml (1 ⅔ tasse) de lait de coco faible en gras
2 litres (8 tasses) de bouillon de légumes
3 grosses poignées de jeunes épinards
1 grosse poignée de coriandre, hachée grossièrement (+ quelques feuilles pour garnir)
Garniture croustillante d'oignons frits du commerce
Sel et poivre du moulin

1. Régler la mijoteuse à intensité élevée.

2. Chauffer l'huile d'olive dans une poêle à feu vif. Faire revenir l'oignon quelques minutes pour l'attendrir. Ajouter les piments, le gingembre, l'ail et les feuilles de murraya. Cuire 1 minute pour les attendrir sans les laisser brûler. Incorporer les épices et retirer du feu.

3. Verser le contenu de la poêle dans la mijoteuse. Ajouter les lentilles, le lait de coco et le bouillon. Saler et poivrer généreusement, puis bien mélanger. Couvrir et cuire pendant 3 heures.

4. Ajouter les épinards et la coriandre hachée. Remettre rapidement le couvercle et cuire pendant 30 minutes pour attendrir les épinards.

5. Servir le dahl dans des bols. Garnir de feuilles de coriandre et accompagner de garniture croustillante d'oignons frits.

Korma de légumes-racines

Le korma est un cari légèrement épicé généralement enrichi de crème, que l'on remplace ici par du yogourt. Les légumes-racines requièrent une longue cuisson à la mijoteuse. Il est donc particulièrement important de ne pas soulever inutilement le couvercle afin de conserver la chaleur dans la cocotte. On peut peler ou non la courge, mais la pelure ajoute de la couleur et de la texture au plat.

4 portions

—

Préparation: **30 minutes**

—

Cuisson: **4 heures**

1 courge à chair orange de 300 g (10 oz)
1 botte de carottes nantaises
4 petites pommes de terre à chair ferme, coupées en deux sur la longueur
1 panais, coupé en 8 morceaux
250 ml (1 tasse) de yogourt nature
4 gousses de cardamome verte
4 clous de girofle
1 bâton de cannelle, coupé en deux
250 ml (1 tasse) de bouillon de légumes
4 c. à thé de fécule de maïs
1 poignée de feuilles de coriandre
25 g (¼ de tasse) d'amandes effilées, grillées
Riz basmati blanc, cuit

PÂTE POUR KORMA
50 g (½ tasse) d'amandes effilées, grillées
1 oignon jaune, haché grossièrement
1 gousse d'ail, hachée grossièrement
2 c. à thé de gingembre, râpé finement
2 c. à thé de cumin moulu
2 c. à thé de coriandre moulue
1 c. à thé de garam masala
½ c. à thé de curcuma moulu
½ c. à thé d'assaisonnement au chili
4 c. à thé d'huile d'olive
4 c. à thé de pâte de tomates

1. Pâte pour korma: au robot culinaire, faire une pâte avec tous les ingrédients en les mixant quelques secondes. Racler les parois du bol et mixer de nouveau. Répéter deux ou trois fois pour obtenir une pâte épaisse et lisse. Réserver. (On peut préparer cette pâte la veille et la conserver au réfrigérateur.)

2. Régler la mijoteuse à intensité élevée.

3. Épépiner la courge et la couper en gros quartiers. Parer les carottes. Déposer la courge, les carottes, les pommes de terre et le panais dans la cocotte de la mijoteuse.

4. Dans un bol, bien mélanger la pâte pour korma, le yogourt, la cardamome, les clous de girofle, la cannelle, le bouillon et la fécule de maïs. Verser sur les légumes dans la mijoteuse.

5. Couvrir et cuire pendant 2 heures. Bien mélanger et remettre rapidement le couvercle pour ne pas laisser la chaleur s'échapper. Régler la mijoteuse à faible intensité. Cuire pendant 2 heures, jusqu'à ce que les légumes soient tendres.

6. Verser dans un grand plat. Garnir de coriandre et d'amandes. Accompagner de riz.

* végétalien * sans gluten

Masala de pois chiches noirs et blancs

Les pois chiches noirs sont plus petits et plus fermes que ceux qu'on utilise habituellement et leur goût est légèrement fumé. On en trouve dans les épiceries qui vendent des ingrédients de la cuisine indienne et certains magasins d'alimentation naturelle. Si vous n'avez pas le temps de les faire tremper, remplacez-les simplement par une boîte de pois chiches ordinaires.

4 portions

—

Préparation: **20 minutes**

—

Trempage: **8 à 12 heures**

—

Cuisson: **environ 4 heures**

250 g (1 tasse) de pois chiches noirs secs

400 g (2 tasses) de pois chiches en conserve, rincés et égouttés

500 ml (2 tasses) de coulis de tomates (*passata*)

250 ml (1 tasse) d'eau

4 c. à thé d'huile d'olive

1 oignon rouge, en quartiers

2 ½ c. à soupe de gingembre, râpé grossièrement

3 gousses d'ail, hachées finement

2 gros piments rouges, fendus sur la longueur

24 feuilles de murraya (*curry leaves*)

2 c. à thé de graines de cumin

1 c. à thé de graines de moutarde brune

2 c. à thé de coriandre moulue

1 c. à thé de garam masala

1 c. à thé de sel marin fin

12 petits papadums (galettes indiennes frites)

1. Faire tremper les pois chiches secs toute la nuit dans un bol d'eau froide. Le lendemain, mettre les pois égouttés dans une casserole. Couvrir d'eau froide et laisser bouillir environ 1 heure, en rajoutant de l'eau au besoin, jusqu'à ce qu'ils soient tendres.

2. Régler la mijoteuse à intensité élevée.

3. Déposer tous les pois chiches bien égouttés dans la cocotte de la mijoteuse. Ajouter le coulis de tomates et l'eau. Bien mélanger, couvrir et cuire pendant 2 heures.

4. Vers la fin de la cuisson, chauffer l'huile d'olive dans une poêle à feu vif. Ajouter le reste des ingrédients (sauf l'eau, le sel et les papadums) et remuer pendant 1 minute. Ajouter 4 c. à soupe d'eau et remuer en raclant le fond de la poêle. Verser dans la mijoteuse. Ajouter le sel et bien mélanger. Couvrir et cuire pendant 1 heure, jusqu'à ce que la sauce soit plus épaisse.

5. Accompagner le masala de papadums.

Cari de haricots à œil noir

Les doliques à œil noir sont des haricots reconnaissables à leur petite tache noire. Dans les pays du Sud, on les fait souvent sauter avec du chou vert et du jambon fumé. Leur goût et leur texture se marient aussi très bien avec les épices couramment employées dans la cuisine indienne.

4 portions

—

Préparation: **20 minutes**

—

Trempage: **8 à 12 heures**

—

Cuisson: **environ 4 heures**

185 g (1 tasse) de haricots à œil noir (doliques) secs

1 oignon jaune, haché finement

400 g (1 ⅔ tasse) de tomates cerises en conserve

3 gousses d'ail, hachées finement

4 c. à thé de gingembre, râpé finement

¼ de c. à thé de curcuma moulu

1 c. à thé d'assaisonnement au chili doux

2 c. à thé de coriandre moulue

1 c. à thé de garam masala

750 ml (3 tasses) d'eau

4 c. à thé d'huile d'olive

1 c. à thé de graines de cumin

½ c. à thé de graines de moutarde brune

6 gousses de cardamome verte, écrasées légèrement

4 à 6 piments séchés

1 grosse poignée de coriandre, hachée

Sel et poivre du moulin

1. Faire tremper les haricots toute la nuit dans un bol d'eau froide. Égoutter et réserver.

2. Régler la mijoteuse à intensité élevée.

3. Dans la cocotte de la mijoteuse, mettre les haricots, l'oignon, les tomates, l'ail, le gingembre, le curcuma, l'assaisonnement au chili, la coriandre moulue, le garam masala et l'eau. Bien mélanger, puis saler et poivrer généreusement. Couvrir et cuire pendant 4 heures, jusqu'à ce que les haricots soient tendres et que la sauce bouillonne sur le pourtour de la cocotte.

4. Servir le cari dans un grand plat. Chauffer l'huile d'olive dans une petite poêle à feu vif. Ajouter les graines de cumin et de moutarde, la cardamome et les piments. Lorsque les graines commencent à grésiller, verser l'huile sur le cari. Garnir de coriandre fraîche.

* sans gluten

Cari d'agneau aux cent amandes

«Cent amandes», c'est une façon originale de dire beaucoup d'amandes! Soyons généreux puisque cela multiplie les arômes et donne du croquant à chaque bouchée de ce superbe cari. Les amandes en vrac sont moins chères dans les supermarchés et les magasins d'alimentation naturelle.

4 portions

—

Préparation: **20 minutes**

—

Cuisson: **environ 4 heures**

750 g (1 lb 10 oz) de tranches de gigot d'agneau
4 c. à thé d'huile d'olive
1 oignon rouge, haché grossièrement
4 gousses d'ail, hachées grossièrement
1 morceau de gingembre de 5 cm (2 po), haché finement
2 gros piments verts, en tranches fines
190 g (1 ½ tasse) d'amandes en bâtonnets
2 c. à thé de cumin moulu
2 c. à thé de coriandre moulue
1 c. à thé de garam masala
½ c. à thé de cannelle moulue
5 gousses de cardamome vertes, écrasées légèrement
250 ml (1 tasse) de yogourt nature
2 c. à thé de bouillon de bœuf en poudre
2 c. à thé de fécule de maïs
125 ml (½ tasse) d'eau
1 poignée de coriandre, hachée
Riz basmati blanc, cuit

1. Régler la mijoteuse à intensité élevée.

2. Retirer et jeter le gras de la viande, puis couper celle-ci en morceaux d'environ 5 cm (2 po). Déposer dans la cocotte de la mijoteuse.

3. Chauffer l'huile d'olive dans une poêle à feu vif. Faire revenir l'oignon avec l'ail, le gingembre, les piments et les amandes de 2 à 3 minutes, jusqu'à ce que les amandes soient dorées. Ajouter les épices et cuire 1 minute en remuant. Retirer du feu et incorporer le yogourt.

4. Dans un petit bol ou un pot, mélanger le bouillon en poudre et la fécule de maïs avec l'eau. Verser sur la préparation d'amandes, puis mettre le tout dans la mijoteuse. Couvrir et cuire pendant 3 heures.

5. Retourner rapidement la viande pour ne pas laisser la chaleur s'échapper. Couvrir et cuire pendant 1 heure, jusqu'à ce qu'elle soit très tendre.

6. À l'aide d'une cuillère à égoutter, déposer la viande dans un grand plat. Napper de sauce au goût et garnir de coriandre. Accompagner de riz.

Cari d'agneau à l'aubergine et aux pois chiches

On emploie beaucoup la farine de pois chiche pour préparer différentes pâtes dans la cuisine de l'Inde et du Moyen-Orient. On la mélange ici avec du yogourt pour améliorer la texture de la préparation. On peut s'en procurer entre autres dans les magasins d'alimentation naturelle.

4 portions

—

Préparation: **20 minutes**

—

Cuisson: **environ 3 ½ heures**

4 c. à thé d'huile d'olive
1 gros oignon jaune, en tranches fines
1 c. à thé de sel marin fin
2 c. à thé de cumin moulu
2 c. à thé de coriandre moulue
½ c. à thé de curcuma moulu
1 c. à thé de menthe séchée
750 g (1 lb 10 oz) d'agneau maigre, en dés
125 ml (½ tasse) de yogourt nature
30 g (¼ de tasse) de farine de pois chiche (*besan*)
400 g (2 tasses) de pois chiches en conserve, rincés et égouttés
1 aubergine, en gros morceaux
Riz basmati brun, cuit
Quartiers de citron

1. Régler la mijoteuse à intensité élevée.

2. Chauffer l'huile d'olive dans une poêle à feu vif. Faire forer l'oignon pendant 5 minutes. Saupoudrer de sel, de cumin, de coriandre, de curcuma et de menthe. Remuer pendant 1 minute, puis verser le tout dans la cocotte de la mijoteuse. Ajouter la viande et bien mélanger. Couvrir et cuire pendant 1 ½ heure.

3. Dans un bol, mélanger le yogourt et la farine de pois chiche jusqu'à consistance lisse. Verser dans la mijoteuse et ajouter les pois chiches. Bien mélanger, puis disposer les morceaux d'aubergine sur le dessus. Couvrir et cuire pendant 1 heure.

4. Remuer doucement et remettre rapidement le couvercle pour ne pas laisser la chaleur s'échapper. Cuire pendant 1 heure, jusqu'à ce que la viande soit très tendre.

5. Servir le cari dans des bols. Accompagner de riz et de quartiers de citron.

* sans gluten

Poulet au beurre santé

Le poulet au beurre est un plaisir coupable pour plusieurs d'entre nous. Cette variante santé ne renferme que 4 c. à thé de beurre, soit 1 c. à thé par personne. Adieu la culpabilité et… bon appétit!

4 portions

Préparation: **20 minutes**

Cuisson: **environ 4 ¼ heures**

- 750 g (1 lb 10 oz) de hauts de cuisse de poulet désossés et sans peau
- 1 oignon jaune, haché
- 1 morceau de gingembre de 3 cm (1 ¼ po), haché
- 2 gousses d'ail, hachées
- 1 gros piment vert, épépiné et haché
- 4 c. à thé d'huile d'olive
- 4 c. à thé de beurre
- ½ c. à thé d'assaisonnement au chili
- 4 c. à thé de cumin moulu
- 4 c. à thé de coriandre moulue
- 4 c. à thé de garam masala
- 4 c. à thé de paprika doux
- 5 gousses de cardamome vertes, écrasées légèrement
- 2 ½ c. à soupe d'eau
- 2 ½ c. à soupe de pâte de tomates
- 2 c. à thé de bouillon de poulet en poudre
- 400 g (1 ⅔ tasse) de tomates broyées en conserve
- 4 c. à thé de fécule de maïs
- 250 ml (1 tasse) de yogourt nature
- Riz basmati brun, cuit
- 1 poignée de coriandre, hachée grossièrement
- Quartiers de citron

1. Régler la mijoteuse à intensité élevée.

2. Retirer et jeter le gras de la volaille. Couper les hauts de cuisse en deux, ou en trois s'ils sont très gros, en n'oubliant pas qu'ils perdront du volume en cours de cuisson. Réserver au réfrigérateur.

3. Au robot culinaire, faire une pâte pas trop lisse avec l'oignon, le gingembre, l'ail et le piment.

4. Chauffer l'huile d'olive dans une grande poêle à feu moyen. Faire dorer la pâte de 8 à 10 minutes, jusqu'à ce que le liquide de l'oignon se soit évaporé et que la texture semble sèche. Incorporer le beurre et cuire 1 minute pour le faire fondre. Ajouter les épices et l'eau, puis remuer en raclant le fond de la poêle. Ajouter la pâte de tomates et le bouillon en poudre. Verser le contenu de la poêle dans la cocotte de la mijoteuse. Ajouter les tomates, la fécule de maïs, le yogourt et la volaille. Bien mélanger en couvrant entièrement le poulet de sauce. Couvrir et cuire pendant 2 heures.

5. Remuer et remettre rapidement le couvercle pour ne pas laisser la chaleur s'échapper. Cuire pendant 2 heures, jusqu'à ce que le poulet soit très tendre et que la sauce soit plus épaisse.

6. Servir le poulet au beurre sur un lit de riz. Garnir de coriandre fraîche et accompagner de quartiers de citron.

Biryani de légumes aux canneberges et aux pistaches

Le byriani est essentiellement un plat de riz basmati bien épicé auquel on ajoute parfois quelques gouttes d'eau de rose ou de fleur d'oranger. Les canneberges séchées apportent un goût légèrement sucré à l'ensemble tandis que les pistaches d'un beau vert émeraude lui donnent une texture croquante fort agréable.

4 portions

—

Préparation: **20 minutes**

—

Cuisson: **environ 4 heures**

4 petites pommes de terre, brossées

1 courge à chair orange de 200 g (7 oz) non pelée, épépinée

2 petites carottes, brossées

125 ml (½ tasse) de yogourt nature

½ c. à thé de filaments de safran

4 c. à thé d'huile d'olive

1 oignon rouge, en tranches fines

3 gousses d'ail, hachées finement

4 c. à thé de gingembre, râpé finement

1 c. à thé de graines de cumin

50 g (⅓ de tasse) de noix de cajou grillées

30 g (¼ de tasse) de canneberges séchées (+ 2 ½ c. à soupe pour garnir)

1 bâton de cannelle

5 gousses de cardamome vertes, écrasées légèrement

1 c. à thé de garam masala

200 g (1 tasse) de riz basmati blanc, rincé et égoutté

750 ml (3 tasses) de bouillon de légumes

30 g (¼ de tasse) de pistaches, hachées grossièrement

1 poignée de feuilles de coriandre

1. Couper les pommes de terre en deux, puis détailler la courge et les carottes en morceaux de même grosseur. Déposer dans un grand bol avec le yogourt et le safran. Bien mélanger, puis réserver pendant 30 minutes en remuant de temps à autre.

2. Entre-temps, régler la mijoteuse à intensité élevée.

3. Mettre les légumes et le yogourt dans la cocotte de la mijoteuse.

4. Chauffer l'huile d'olive dans une grande poêle à feu vif. Faire dorer l'oignon de 4 à 5 minutes pour l'attendrir un peu. Ajouter l'ail, le gingembre et le cumin. Cuire environ 1 minute, puis ajouter les cajous, les canneberges, la cannelle, la cardamome et le garam masala. Cuire environ 1 minute. Ajouter le riz et remuer jusqu'à ce qu'il devienne luisant et bien imprégné d'épices. Verser le bouillon et remuer en raclant le fond de la poêle. Verser dans la mijoteuse. Couvrir et cuire pendant 3 heures.

5. Remuer et remettre rapidement le couvercle pour ne pas laisser la chaleur s'échapper. Cuire pendant 1 heure, jusqu'à ce que le riz et les légumes soient tendres.

6. Servir le biryani dans des bols. Parsemer de pistaches et du reste des canneberges, puis garnir de coriandre.

* sans gluten

Poulet au fenugrec

Le fenugrec est une plante herbacée abondamment utilisée dans la cuisine indienne. En ouvrant un sac de feuilles séchées, vous découvrirez son arôme un peu piquant qui s'atténuera pendant la cuisson. Si vous ne trouvez pas de feuilles, remplacez-les par 1 c. à thé rase de fenugrec séché.

4 portions

—

Préparation: **20 minutes**

—

Cuisson: **environ 3 heures**

1 gros oignon jaune, haché grossièrement
1 morceau de gingembre de 3 cm (1 ¼ po), pelé et râpé grossièrement
4 gousses d'ail, hachées grossièrement
1 c. à thé de graines de cumin
1 piment rouge, haché grossièrement
4 c. à thé d'huile d'olive
1 poignée de feuilles de fenugrec séchées
2 c. à thé de coriandre moulue
½ c. à thé de curcuma moulu
½ c. à thé d'assaisonnement au chili
½ c. à thé de garam masala
1 c. à thé de sel marin fin
250 ml (1 tasse) de yogourt nature
8 filets de poulet
1 gros piment rouge, épépiné et coupé en tranches fines
1 poignée de feuilles de microcoriandre ou de coriandre ordinaire
Riz basmati blanc, cuit

1. Régler la mijoteuse à intensité élevée.

2. Au robot culinaire, faire une pâte avec l'oignon, le gingembre, l'ail, le cumin et le piment haché.

3. Chauffer l'huile d'olive dans une poêle à feu moyen-vif. Faire dorer la pâte de 8 à 10 minutes en remuant régulièrement. Ajouter le fenugrec, la coriandre moulue, le curcuma, l'assaisonnement au chili, le garam masala et le sel. Cuire 1 minute.

4. Incorporer le yogourt, puis verser le tout dans la cocotte de la mijoteuse. Ajouter le poulet en le couvrant entièrement de sauce. Couvrir et cuire pendant 2 heures.

5. Remuer doucement et remettre rapidement le couvercle pour ne pas laisser la chaleur s'échapper. Cuire pendant 1 heure, jusqu'à ce que le poulet soit cuit à la perfection et que la sauce ait une belle couleur dorée.

6. Servir dans un grand plat. Garnir de piment et de coriandre fraîche. Accompagner de riz.

Poulet épicé aux piments

Cette recette vient du Ladakh, une région située près du Tibet et du Cachemire. D'ailleurs, les cuisines de ces trois régions s'influencent mutuellement. Cette recette au goût mordant demande des ingrédients tout simples que vous trouverez facilement dans toutes les épiceries.

4 portions

—

Préparation: **20 minutes**

—

Cuisson: **environ 4 heures**

6 hauts de cuisse de poulet désossés et sans peau
1 gros oignon jaune, haché grossièrement
4 gousses d'ail, hachées grossièrement
4 c. à thé de gingembre, râpé finement
2 gros piments verts, hachés grossièrement
1 c. à thé de sel marin fin
¼ de c. à thé de poivre noir moulu
2 ½ c. à soupe d'huile d'olive
400 g (1 ⅔ tasse) de tomates broyées en conserve
1 c. à thé de cumin moulu
½ c. à thé d'assaisonnement au chili
½ c. à thé de graines de moutarde
½ c. à thé de graines de cumin
Riz sauvage ou riz basmati blanc, cuit
1 poignée de feuilles de coriandre

1. Retirer et jeter le gras de la volaille. Couper les hauts de cuisse en deux et réserver au réfrigérateur.

2. Régler la mijoteuse à intensité élevée.

3. Au robot culinaire, faire une pâte lisse avec l'oignon, l'ail, le gingembre, les piments, le sel, le poivre et 4 c. à thé d'huile d'olive. Verser dans la cocotte de la mijoteuse. Ajouter les tomates, le cumin moulu et l'assaisonnement au chili. Couvrir et cuire pendant 2 heures.

4. Mélanger rapidement la sauce pour ne pas laisser la chaleur s'échapper. Ajouter le poulet en le couvrant entièrement de sauce. Couvrir et cuire pendant 2 heures, jusqu'à ce que la volaille soit cuite à la perfection et que la sauce soit plus épaisse. Régler la mijoteuse à faible intensité sans ôter le couvercle.

5. Chauffer le reste de l'huile d'olive dans une petite poêle à feu vif. Ajouter les graines de moutarde et de cumin. Lorsqu'elles commencent à grésiller, verser l'huile et les graines dans la mijoteuse en remuant avec soin.

6. Servir sur un lit de riz et garnir de coriandre.

* végétalien * sans gluten

Cari de chou-fleur et de pois chiches au fenouil

Les tomates et les pois chiches en conserve donnent des résultats extraordinaires dans la mijoteuse. Gardez-en toujours quelques boîtes dans votre garde-manger afin de pouvoir préparer en un rien de temps de bons plats comme ce cari tout simple.

4 portions

Préparation: **20 minutes**

Cuisson: **environ 3 heures**

1 petit chou-fleur, défait en bouquets
400 g (2 tasses) de pois chiches en conserve, rincés et égouttés
4 c. à thé d'huile d'olive
1 oignon rouge, haché
2 gousses d'ail, hachées finement
4 c. à thé de gingembre, râpé finement
2 gros piments verts, tranchés en biseau
2 c. à thé de graines de fenouil
1 c. à thé de graines de moutarde brune
24 feuilles de murraya (*curry leaves*)
½ c. à thé de flocons de piment
400 g (1 ⅔ tasse) de tomates broyées en conserve
1 c. à thé de bouillon de légumes en poudre
4 c. à soupe d'eau
Sel et poivre du moulin
2 citrons, coupés en deux

1. Régler la mijoteuse à intensité élevée.
2. Mettre le chou-fleur et les pois chiches dans la cocotte de la mijoteuse.
3. Chauffer l'huile d'olive dans une poêle à feu vif. Faire revenir l'oignon avec l'ail, le gingembre et les piments quelques minutes pour l'attendrir. Ajouter les graines de fenouil et de moutarde et les feuilles de murraya. Cuire jusqu'à ce que les graines commencent à éclater et à grésiller, puis verser dans la mijoteuse.
4. Dans un bol, mélanger les flocons de piment, les tomates, le bouillon en poudre et l'eau. Saler et poivrer généreusement, puis verser dans la mijoteuse. Couvrir et cuire pendant 3 heures, jusqu'à ce que le chou-fleur soit tendre.
5. Accompagner chaque portion d'une moitié de citron.

Cari vert de tofu à l'aubergine et aux pousses de bambou

Les tomates vertes atténuent l'intensité du lait de coco grâce à leur légère acidité. La pâte de cari verte est composée d'ingrédients frais tels que la citronnelle, les échalotes rouges, la lime kaffir, la coriandre et le piment vert. Il suffit de quelques cuillerées à soupe pour rehausser un plat.

4 portions

Préparation: **15 minutes**

Cuisson: **4 heures**

100 g (½ tasse) de haricots verts, parés
2 tomates vertes, en quartiers
125 g (¾ de tasse) d'épis de maïs miniature en conserve
225 g (1 ⅔ tasse) de tranches de pousses de bambou, égouttées
2 petites aubergines thaïes, en quartiers
300 g (10 oz) de tofu ferme, en morceaux de 2,5 cm (1 po)
2 ½ c. à soupe de pâte de cari verte thaïe
250 ml (1 tasse) de lait de coco faible en gras
4 c. à thé de sauce de poisson
4 c. à thé de cassonade
4 c. à thé de fécule de maïs
1 poignée de feuilles de basilic thaï

1. Régler la mijoteuse à intensité élevée.
2. Mettre les haricots, les tomates, le maïs, les pousses de bambou, les aubergines et le tofu dans la cocotte de la mijoteuse.
3. Dans un bol, mélanger le reste des ingrédients, sauf le basilic. Remuer pour bien dissoudre la cassonade et la fécule. Verser dans la mijoteuse. Couvrir et cuire pendant 2 heures.
4. Mélanger rapidement le cari pour ne pas laisser la chaleur s'échapper. Couvrir et cuire pendant 2 heures, jusqu'à ce que tous les légumes soient tendres.
5. Servir dans un grand bol et garnir de basilic.

* sans gluten

Cari d'agneau aux pois chiches et aux épinards

De l'agneau maigre, des pois chiches, des épinards tendres et des épices aux parfums enivrants… que demander de plus ?

6 portions

—

Préparation : **20 minutes**

—

Cuisson : **environ 4 ½ heures**

---

1 kg (2 lb) d'agneau maigre

1 oignon jaune, haché grossièrement

1 morceau de gingembre de 3 cm (1 ¼ po), haché grossièrement

2 gousses d'ail, hachées grossièrement

1 gros piment vert, épépiné et haché grossièrement

4 c. à thé d'huile d'olive

4 c. à thé de coriandre moulue

4 c. à thé de cumin moulu

4 c. à thé de garam masala

4 c. à thé de paprika doux

½ c. à thé d'assaisonnement au chili

5 gousses de cardamome verte, écrasées légèrement

4 clous de girofle

2 c. à thé de bouillon de poulet en poudre

125 ml (½ tasse) d'eau

250 ml (1 tasse) de yogourt nature

400 g (1 ⅔ tasse) de tomates broyées en conserve

4 c. à thé de fécule de maïs

400 g (2 tasses) de pois chiches en conserve, rincés et égouttés

180 g (6 tasses) de jeunes épinards

Sel et poivre du moulin

Riz au choix, cuit

1. Retirer et jeter le gras de la viande, puis couper celle-ci en petits morceaux. Réserver au réfrigérateur.

2. Régler la mijoteuse à intensité élevée.

3. Au robot culinaire, faire une pâte pas trop lisse avec l'oignon, le gingembre, l'ail et le piment.

4. Chauffer l'huile d'olive dans une poêle à feu moyen. Faire dorer la pâte de 8 à 10 minutes, jusqu'à ce que le liquide de l'oignon se soit évaporé et que la texture semble sèche. Ajouter les épices, le bouillon en poudre et l'eau. Remuer en raclant le fond de la poêle et retirer du feu.

5. Dans la cocotte de la mijoteuse, mélanger le yogourt, les tomates et la fécule de maïs jusqu'à ce que celle-ci soit complètement dissoute. Ajouter le contenu de la poêle, l'agneau et les pois chiches. Saler et poivrer généreusement, puis bien remuer. Couvrir et cuire pendant 3 heures.

6. Mélanger rapidement le cari pour ne pas laisser la chaleur s'échapper. Couvrir et cuire pendant 1 heure, jusqu'à ce que la viande soit tendre.

7. Ajouter les épinards. Couvrir et cuire pendant 30 minutes pour les attendrir. Accompagner de riz.

Cari de poulet aux carottes et aux cajous

Le poulet et les noix de cajou font bon ménage. Cette recette pas compliquée ne nécessite ni cuisson préalable à la poêle ni confection d'une pâte épicée. Elle est idéale pour les journées où vous avez peu de temps pour cuisiner.

6 portions

—

Préparation: **20 minutes**

—

Cuisson: **5 heures**

6 hauts de cuisse de poulet désossés et sans peau

2 carottes, en tranches fines

160 ml (⅔ de tasse) de lait de coco faible en gras

2 oignons jaunes, en tranches fines

2 gousses d'ail, hachées finement

4 c. à thé de gingembre, haché finement

1 gros piment rouge, haché finement

4 c. à thé de coriandre moulue

2 c. à thé de graines de fenouil

½ c. à thé de curcuma moulu

1 c. à thé de sel marin fin

80 g (½ tasse) de noix de cajou grillées (+ quelques-unes pour garnir)

1 poignée de coriandre, hachée grossièrement

1. Retirer et jeter le gras de la volaille. Couper les hauts de cuisse en deux et réserver au réfrigérateur.

2. Régler la mijoteuse à intensité élevée.

3. Dans la cocotte de la mijoteuse, mélanger tous les ingrédients, sauf le poulet, les noix et la coriandre fraîche. Couvrir et cuire pendant 3 heures en remuant toutes les heures. Ajouter rapidement le poulet et les noix pour ne pas laisser la chaleur s'échapper. Couvrir et cuire pendant 2 heures, jusqu'à ce que la volaille soit cuite à la perfection et que les carottes soient tendres.

4. Incorporer la coriandre fraîche et garnir du reste des cajous.

Recettes gourmandes du samedi

* sans gluten

Crevettes au safran, au fenouil et au gingembre

Il est facile de cuire les fruits de mer à la vapeur dans une mijoteuse. Par exemple, des crevettes ou des filets de poisson déposés sur une sauce bouillonnante cuiront très rapidement. On utilise ici des crevettes crues non décortiquées, car la carapace ajoute beaucoup de saveur à la préparation tout en faisant une présentation plus jolie. Si vous utilisez des crevettes décortiquées, elles cuiront en 15 minutes environ. Elles seront prêtes aussitôt qu'elles auront une belle couleur rosée.

4 portions

—

Préparation: **20 minutes**

—

Cuisson: **environ 2 ½ heures**

1 gros bulbe de fenouil (de préférence avec les frondes)

4 c. à thé d'huile d'olive

400 g (1 ⅔ tasse) de tomates entières en conserve

1 gros oignon rouge, en tranches fines

1 morceau de gingembre de 3 cm (1 ¼ po), râpé grossièrement

2 c. à thé de paprika fumé

¼ de c. à thé d'assaisonnement au chili

1 grosse pincée de filaments de safran

12 grosses crevettes crues non décortiquées

Riz brun, cuit à la vapeur

1 poignée de feuilles de coriandre

1 poignée de feuilles de persil plat

Sel et poivre du moulin

1. Régler la mijoteuse à intensité élevée.

2. Hacher grossièrement une partie des frondes du fenouil et réserver. Couper le bulbe en tranches fines sur la longueur et déposer dans un bol. Ajouter l'huile d'olive, les tomates, l'oignon, le gingembre, le paprika, l'assaisonnement au chili et le safran. Saler et poivrer généreusement. Bien mélanger et verser dans la cocotte de la mijoteuse. Couvrir et cuire pendant 2 heures, jusqu'à ce que le fenouil soit tendre.

3. Disposer rapidement les crevettes sur la préparation de fenouil pour ne pas laisser la chaleur s'échapper. Couvrir et cuire pendant 20 minutes, jusqu'à ce qu'elles soient roses et cuites à la perfection.

4. Servir sur un lit de riz brun et garnir de fines herbes.

Ratatouille, poisson blanc et couscous perlé

Voici un bon exemple de l'importance de suivre les étapes à la lettre. On fait d'abord cuire les légumes tout doucement pour libérer leurs saveurs, puis on ajoute le couscous qui cuira jusqu'à ce que tous les ingrédients soient tendres. On dépose ensuite les filets de poisson sur la préparation pour les faire cuire à la vapeur et le tour est joué !

4 portions

—

Préparation : **30 minutes**

—

Cuisson : **3 heures**

400 g (1 ⅔ tasse) de tomates entières en conserve
1 petite aubergine, en gros morceaux
2 courgettes, en morceaux
1 petit poivron rouge, en morceaux
1 petit poivron vert, en morceaux
3 gousses d'ail, broyées
½ c. à thé d'origan séché
2 feuilles de laurier
4 c. à thé d'huile d'olive extra vierge
4 c. à thé de vinaigre de vin rouge
100 g (½ tasse) de couscous perlé (israélien)
4 filets de poisson blanc de 180 g (6 oz) chacun, sans peau ni arêtes
1 poignée de feuilles de persil plat
Sel et poivre du moulin

1. Régler la mijoteuse à intensité élevée.

2. Laisser égoutter les tomates dans une passoire placée au-dessus d'un bol.

3. Dans la cocotte de la mijoteuse, mettre l'aubergine, les courgettes et les poivrons. Ajouter l'ail, l'origan et le laurier. Ajouter les tomates égouttées et 2 ½ c. à soupe du jus recueilli dans le bol. Saler et poivrer généreusement, puis ajouter l'huile d'olive et le vinaigre de vin. Couvrir et cuire pendant 2 heures.

4. Remuer et remettre rapidement le couvercle. Cuire pendant 30 minutes, jusqu'à ce que les légumes soient tendres.

5. Mettre rapidement le couscous dans la mijoteuse pour ne pas laisser la chaleur s'échapper. Disposer le poisson sur le dessus. Couvrir et cuire pendant 30 minutes, jusqu'à ce que le couscous soit tendre et que le poisson soit cuit à la perfection.

6. À l'aide d'une cuillère à égoutter, servir la préparation dans des assiettes individuelles. Napper de sauce au goût et garnir de persil.

* végétarien * sans gluten

Polenta aux champignons, au piment et au parmesan

Il n'est pas obligatoire d'utiliser de l'huile de truffe, mais disons qu'il serait dommage de s'en passer... Cette polenta tendre et duveteuse prouve une fois de plus que la cuisson à la mijoteuse permet d'obtenir des champignons juteux et savoureux. Un vrai régal!

4 portions

—

Préparation: **25 minutes**

—

Cuisson: **2 ½ heures**

380 g (2 tasses) de polenta fine
1,5 litre (6 tasses) de bouillon de poulet
1 c. à thé d'huile de truffe (facultatif)
4 c. à soupe d'huile d'olive extra vierge
100 g (1 tasse) de parmesan, râpé finement
270 g (3 tasses) de champignons café
8 champignons shitakés frais
270 g (3 tasses) de petits champignons en bouton
3 gousses d'ail, hachées finement
½ c. à thé de graines de fenouil, broyées grossièrement
1 poignée de persil plat, haché finement
1 gros piment rouge, épépiné et haché finement
Sel et poivre du moulin

1. Régler la mijoteuse à intensité élevée.

2. Dans la cocotte de la mijoteuse, mettre la polenta, le bouillon, l'huile de truffe, 4 c. à thé d'huile d'olive et 2 ½ c. à soupe de parmesan. Mélanger à l'aide d'une cuillère en bois en veillant à ce que la polenta ne renferme pas de grumeaux et soit bien amalgamée au bouillon. Couvrir et cuire pendant 1 ½ heure, jusqu'à ce que la polenta ait absorbé le liquide. (Elle doit être ferme et légèrement tremblotante.)

3. Vers la fin de la cuisson, mettre tous les champignons dans un grand bol. Ajouter l'ail, le fenouil, le persil, le piment et le reste de l'huile d'olive. Saler et poivrer généreusement. Bien mélanger en enrobant les champignons avec soin.

4. Déposer rapidement les champignons sur la polenta pour ne pas laisser la chaleur s'échapper. Couvrir et cuire pendant 1 heure, jusqu'à ce qu'ils soient tendres et juteux.

5. Servir le reste du parmesan dans un petit bol comme accompagnement.

Casarecces aux boulettes de veau et de porc

Il est facile de cuire des pâtes à la mijoteuse. N'en mettez pas plus d'une tasse et utilisez des pâtes petites ou moyennes. Si vous préférez les pâtes longues, comme les spaghettis, coupez-les en morceaux. Vous pouvez préparer les boulettes de viande à l'avance et les réserver au réfrigérateur jusqu'au moment de les ajouter à la sauce tomate.

4 portions

—

Préparation: **40 minutes**

—

Cuisson: **3 ½ heures**

800 g (3 ⅓ tasses) de tomates broyées en conserve

4 c. à soupe de pâte de tomates

4 c. à thé de fécule de maïs

250 ml (1 tasse) de bouillon de poulet

½ c. à thé de flocons de piment

2 ½ c. à soupe d'huile d'olive extra vierge

100 g (1 tasse) de casarecces (pâtes)

50 g (1 ¾ tasse) de fins copeaux de parmesan

1 grosse poignée de roquette miniature

Sel et poivre du moulin

BOULETTES DE VIANDE

750 g (1 lb 10 oz) d'un mélange de porc et de veau hachés

2 gousses d'ail, broyées

30 g (½ tasse) de chapelure maison de blé entier

1 c. à thé de graines de fenouil, broyées

1 c. à thé d'origan séché

2 ½ c. à soupe de parmesan, râpé finement

Sel et poivre du moulin

1. Boulettes de viande: bien mélanger tous les ingrédients dans un bol avec les mains. Avec les mains légèrement humectées d'eau froide, façonner des boulettes de la grosseur d'une noix. Ranger sur un plateau et réserver au réfrigérateur.

2. Régler la mijoteuse à intensité élevée.

3. Dans la cocotte de la mijoteuse, mettre les tomates, la pâte de tomates, la fécule de maïs, le bouillon, les flocons de piment et 4 c. à thé d'huile d'olive. Saler et poivrer généreusement, puis bien mélanger. Couvrir et cuire pendant 2 ½ heures, jusqu'à ce que la sauce bouillonne sur le pourtour de la cocotte.

4. Vers la fin de la cuisson, cuire les pâtes dans une casserole d'eau bouillante pendant 5 minutes, puis égoutter.

5. Remuer rapidement la sauce tomate pour ne pas laisser la chaleur s'échapper, puis ajouter les boulettes de viande en les couvrant entièrement de sauce. Ajouter les pâtes et remuer doucement pour les couvrir de sauce en évitant de briser les boulettes. Couvrir et cuire pendant 1 heure, jusqu'à ce que les pâtes soient tendres et les boulettes cuites à la perfection.

6. Arroser du reste de l'huile d'olive et parsemer de copeaux de parmesan. Servir dans des bols et accompagner de roquette.

* sans gluten

Saumon vapeur, pommes de terre et brocoli au citron

Vous pouvez remplacer le saumon par la même quantité de filet de truite de mer. Mettez-le entier dans la mijoteuse ou coupez-le en quatre morceaux. La cuisson ne prendra qu'une trentaine de minutes tout au plus.

4 portions

Préparation: **20 minutes**

Cuisson: **3 ½ heures**

8 pommes de terre grelots, coupées en deux
1 brocoli, défait en gros bouquets
1 gousse d'ail, broyée
½ c. à thé de flocons de piment
4 c. à thé d'huile d'olive extra vierge
4 c. à thé de bouillon de poulet
4 c. à thé de jus de citron
2 ½ c. à soupe de feuilles d'estragon
1 poignée de persil plat, haché finement
1 filet de saumon de 600 g (1 lb 5 oz) avec la peau
1 poignée d'aneth, haché grossièrement
Sel et poivre du moulin
Quartiers de citron

1. Régler la mijoteuse à intensité élevée.

2. Dans la cocotte de la mijoteuse, mettre les pommes de terre et le brocoli. Dans un petit bol ou un pot, mélanger l'ail, les flocons de piment, l'huile d'olive, le bouillon, le jus de citron, l'estragon et le persil. Saler et poivrer généreusement. Répartir le tout sur les légumes. Couvrir et cuire pendant 3 heures, jusqu'à ce que les pommes de terre soient tendres quand on les perce à l'aide d'une fourchette ou d'une brochette.

3. Déposer rapidement le saumon sur les légumes, peau vers le fond, pour ne pas laisser la chaleur s'échapper. Couvrir et cuire pendant 30 minutes, jusqu'à ce qu'il se défasse facilement à l'aide d'une fourchette.

4. Déposer le poisson sur une planche à découper et le défaire en gros morceaux. Répartir les légumes et le saumon dans des assiettes. Arroser de jus de cuisson au goût et garnir d'aneth. Accompagner de quartiers de citron.

Bols de nouilles udon, de tofu et de légumes

Plusieurs ingrédients de la cuisine japonaise sont vendus au supermarché. Comme il est très long de préparer son propre dashi, il est recommandé de l'acheter en sachets sous forme de poudre. Cet ingrédient est présent dans la plupart des soupes savoureuses servies dans les restaurants japonais.

4 portions

—

Préparation: **30 minutes**

—

Cuisson: **4 ½ heures**

1 litre (4 tasses) de fumet de poisson

4 c. à soupe de tamari

4 c. à thé de dashi en poudre

4 c. à thé de mirin

1 morceau de gingembre de 3 cm (1 ¼ po), en tranches fines

40 g (1 tasse) de shitakés séchés, en tranches

400 g (2 ⅔ tasses) de courge non pelée, en morceaux de 2,5 cm (1 po)

400 g (3 tasses) de daïkon (radis blanc), pelé et coupé en cubes de 2 cm (¾ de po)

300 g (10 oz) de tofu ferme, en cubes

200 g (2 ½ tasses) de champignons shitakés frais

200 g (7 oz) de nouilles udon fraîches

Poivre du moulin

1. Régler la mijoteuse à intensité élevée.

2. Dans la cocotte de la mijoteuse, mettre le fumet de poisson, le tamari, le dashi, le mirin, le gingembre et les champignons séchés. Mélanger avec soin. Couvrir et cuire pendant 2 heures, jusqu'à ce que les champignons soient tendres.

3. Mettre la courge, le daïkon et le tofu dans la mijoteuse. Couvrir et cuire pendant 2 heures, jusqu'à ce que les légumes soient tendres. Ajouter les champignons frais et remettre le couvercle.

4. Dans une passoire, arroser les nouilles d'eau bouillante en les séparant tout en secouant la passoire. Déposer dans la mijoteuse. Couvrir et cuire pendant 30 minutes, jusqu'à ce qu'elles soient tendres.

5. À l'aide d'une cuillère à égoutter, répartir les légumes, le tofu et les nouilles dans des bols. Arroser de bouillon et poivrer au goût.

Tajine de poulet à l'orange et aux olives vertes

Le mot *tajine* désigne à la fois la préparation et le plat de forme conique dans lequel on la fait cuire. Contrairement aux traditions de la cuisine française ou italienne, il n'est pas nécessaire de saisir d'abord la viande à la poêle, ce qui permet de gagner du temps. On la met simplement dans la mijoteuse avec du liquide et des épices pour la cuire tout doucement.

4 portions

—

Préparation: **20 minutes**

—

Cuisson: **environ 3 heures**

400 g (1 ⅔ tasse) de tomates broyées en conserve
250 ml (1 tasse) de coulis de tomates (*passata*)
4 c. à thé d'huile d'olive
1 c. à thé de feuilles de thym
1 c. à thé de gingembre moulu
1 c. à thé de cumin moulu
1 c. à thé de coriandre moulue
1 c. à thé de paprika doux
375 ml (1 ½ tasse) de bouillon de poulet
4 c. à thé de fécule de maïs
2 oranges
8 filets de poulet
12 grosses olives vertes
Couscous
Brins d'aneth
1 poignée de persil plat
Sel et poivre du moulin

1. Régler la mijoteuse à intensité élevée.

2. Dans la cocotte de la mijoteuse, mettre les tomates, le coulis de tomates, l'huile d'olive, le thym, le gingembre, le cumin, la coriandre, le paprika, le bouillon et la fécule de maïs. Saler et poivrer généreusement. Prélever trois lanières de zeste sur une des oranges et les ajouter à la sauce. Couvrir et cuire pendant 2 heures, jusqu'à ce que la sauce bouillonne sur le pourtour de la cocotte.

3. Ajouter le poulet et les olives en les couvrant entièrement de sauce. Couvrir et cuire de 45 à 60 minutes, jusqu'à ce que la volaille soit cuite à la perfection.

4. Entre-temps, peler les oranges en retirant le plus de peau blanche possible. Séparer les segments à l'aide d'un couteau.

5. Une fois la cuisson du poulet terminée, mettre les oranges dans la mijoteuse et laisser reposer 10 minutes pour les réchauffer doucement dans la sauce.

6. Servir le tajine sur un lit de couscous. Garnir de brins d'aneth et de persil.

Chou rouge farci au veau, à l'orge et aux raisins secs

Vous aurez besoin d'un chou rouge entier pour prélever des feuilles assez larges pouvant contenir la farce. Pour gagner du temps, farcissez-les la veille ou le matin même et gardez-les au réfrigérateur. Il ne vous restera plus qu'à préparer la sauce.

4 portions

—

Préparation: **45 minutes**

—

Cuisson: **environ 4 heures**

50 g (¼ de tasse) d'orge perlé
1 chou rouge entier
750 g (1 lb 10 oz) de veau haché
2 ½ c. à soupe de raisins secs
½ c. à thé de flocons de piment
½ c. à thé d'origan séché
1 petite poignée d'aneth, haché finement
1 petite poignée de persil plat, haché finement
750 ml (3 tasses) de coulis de tomates (*passata*)
400 g (1 ⅔ tasse) de tomates broyées en conserve
4 c. à thé d'huile d'olive extra vierge
1 poignée de brins d'aneth
Sel et poivre du moulin

1. Cuire l'orge dans une petite casserole d'eau bouillante pendant 15 minutes pour l'attendrir un peu. Égoutter et réserver.

2. Couper et jeter le pédoncule du chou. Mettre le chou dans un bol résistant à la chaleur et couvrir entièrement d'eau bouillante. Laisser reposer 10 minutes en le retournant deux ou trois fois à l'aide d'une pince. Lorsqu'il a suffisamment refroidi, le déposer sur une planche à découper et ôter les feuilles extérieures les plus coriaces. Utiliser 2 ou 3 de ces feuilles pour tapisser le fond de la cocotte de la mijoteuse.

3. Retirer délicatement 8 feuilles intérieures tendres de bonne grosseur en les gardant intactes. Couper et jeter leur nervure centrale, puis réserver les feuilles.

4. Dans un bol, mélanger la viande, les raisins secs, les flocons de piment, l'origan, l'aneth, le persil et l'orge. Saler et poivrer généreusement. Bien mélanger avec les mains.

5. Régler la mijoteuse à intensité élevée.

6. Sur un plan de travail, étaler les feuilles de chou, partie inférieure vers le bas. Déposer ⅛ de la farce au centre de chacune. Plier les côtés et emprisonner la farce. Ranger les feuilles farcies dans la mijoteuse en les serrant l'une contre l'autre. Ajouter le coulis de tomates et les tomates, puis saler et poivrer généreusement. Verser l'huile d'olive. Couvrir et cuire pendant 3 heures.

7. En procédant rapidement pour ne pas laisser la chaleur s'échapper, séparer délicatement les rouleaux de chou pour que la sauce se répande entre eux. Couvrir et cuire pendant 30 minutes. Servir dans des assiettes et garnir d'aneth.

* sans gluten

Osso buco et légumes à la méditerranéenne

Osso buco signifie « os à trou » en italien. Il s'agit d'une coupe transversale du jarret de veau. Assurez-vous qu'on ne vous refile pas des tranches de jarrets de porc ou de vache. Les tranches doivent être maigres et pas plus grosses qu'une soucoupe. Ce plat est encore meilleur si on le sert sur un lit de purée de patates douces.

4 portions

—

Préparation: **30 minutes**

—

Cuisson: **3 ½ heures**

4 tranches de jarrets de veau de 200 g (7 oz) chacune
400 g (1 ⅔ tasse) de tomates broyées en conserve
4 c. à soupe de bouillon de bœuf
2 ½ c. à soupe de fécule de maïs
1 pincée de filaments de safran
1 c. à thé d'origan séché
1 feuille de laurier
2 gousses d'ail, broyées
1 poignée de persil plat, haché finement
1 poivron rouge, en tranches
2 petites courgettes, en rondelles épaisses
1 petite aubergine, en gros morceaux
4 c. à thé de zeste de citron, râpé finement
Parmesan, râpé finement
Sel et poivre du moulin

1. Régler la mijoteuse à intensité élevée.

2. Retirer et jeter le gras de la viande. Réserver au réfrigérateur.

3. Dans la cocotte de la mijoteuse, mettre les tomates, le bouillon, la fécule de maïs, le safran, l'origan, le laurier, l'ail et presque tout le persil. Saler et poivrer généreusement, puis bien mélanger jusqu'à ce que la fécule soit complètement dissoute. Ajouter le poivron, les courgettes et l'aubergine.

4. Mettre la viande dans la cocotte en la couvrant légèrement de sauce. Couvrir et cuire pendant 3 heures, jusqu'à ce que la sauce bouillonne sur le pourtour de la cocotte.

5. Remuer et remettre rapidement le couvercle pour ne pas laisser la chaleur s'échapper. Cuire pendant 30 minutes, jusqu'à ce que la viande et les légumes soient tendres.

6. Servir dans des bols. Garnir du reste du persil et parsemer de zeste de citron et de parmesan.

Ragoût de bœuf, de poireau et de blé vert

Les champignons frais et séchés donnent une magnifique couleur marron à ce plat goûteux et réconfortant. Le blé vert grillé, aussi connu sous le nom de *freekeh,* a un goût de noisette légèrement fumé.

4 portions

—

Préparation: **20 minutes**

—

Cuisson: **3 heures**

---

1 gros poireau (partie blanche seulement)
500 g (1 lb) d'épaule de bœuf
4 c. à thé de fécule de maïs
250 g (9 oz) de champignons shitakés frais, coupés en deux
20 g (½ tasse) de cèpes séchés, hachés
4 brins de thym
2 gousses d'ail, hachées finement
1 grosse tomate, hachée grossièrement
100 g (½ tasse) de blé vert entier (freekeh)
375 ml (1 ½ tasse) de bouillon de bœuf
4 c. à thé de sauce soya foncée
1 poignée de persil plat, haché finement
Sel et poivre du moulin

1. Régler la mijoteuse à intensité élevée.

2. Couper le poireau en deux sur la longueur, puis en rubans épais. Mettre la moitié dans la cocotte de la mijoteuse.

3. Retirer et jeter le gras de la viande, puis couper celle-ci en morceaux de 4 à 5 cm (1 ½ à 2 po). Déposer dans un bol avec la fécule de maïs et bien mélanger.

4. Déposer la viande sur les poireaux, puis ajouter tous les champignons, le thym, l'ail, la tomate et le blé. Saler et poivrer généreusement. Verser le bouillon et la sauce soya. Couvrir et cuire pendant 2 heures.

5. Remuer et remettre rapidement le couvercle pour ne pas laisser la chaleur s'échapper. Cuire pendant 1 heure, jusqu'à ce que la viande soit tendre.

6. Servir le ragoût dans des bols et garnir de persil.

* végétarien

Spaghetti à la sauce aux champignons

Les champignons se cuisinent bien avec les ingrédients qu'on utilise fréquemment avec la viande, notamment les tomates, le vin rouge et les fines herbes au goût prononcé. Évitez de mettre des champignons délicats (pleurotes, enokis) dans cette recette, car leur goût ne bénéficierait pas d'une longue cuisson. Pour faire un repas sans gluten, remplacez les pâtes par de la polenta ou de la purée de pommes de terre.

4 portions

Préparation: **20 minutes**

Cuisson: **environ 2 ½ heures**

4 c. à thé d'huile d'olive
1 oignon jaune, haché finement
2 gousses d'ail, hachées finement
400 g (1 ⅔ tasse) de tomates broyées en conserve
2 ½ c. à soupe de pâte de tomates
2 c. à thé de bouillon de légumes en poudre
2 c. à thé de fécule de maïs
2 c. à thé de sauce soya foncée
1 petite poignée de feuilles d'estragon
1 grosse poignée de persil plat, haché finement
4 c. à soupe d'eau
180 g (2 tasses) de petits champignons en bouton
180 g (2 tasses) de champignons café, en quartiers
10 g (¼ de tasse) de cèpes séchés, hachés
125 ml (½ tasse) de crème sure faible en gras
300 g (10 oz) de spaghettis de blé entier
50 g (½ tasse) de parmesan, râpé finement
Sel et poivre du moulin

1. Régler la mijoteuse à intensité élevée.

2. Chauffer l'huile d'olive dans une grande poêle à feu vif. Faire revenir les oignons et l'ail de 3 à 4 minutes. Retirer du feu et ajouter les tomates, la pâte de tomates, le bouillon en poudre, la fécule de maïs, la sauce soya, l'estragon, presque tout le persil et l'eau. Saler et poivrer généreusement, puis verser dans la cocotte de la mijoteuse.

3. Ajouter les champignons et bien mélanger. Couvrir et cuire pendant 2 heures, jusqu'à ce que les champignons soient tendres et que la sauce soit plus épaisse.

4. Incorporer rapidement la crème sure pour ne pas laisser la chaleur s'échapper. Couvrir et cuire pendant 30 minutes.

5. Vers la fin de la cuisson, cuire les pâtes dans une casserole d'eau bouillante en suivant les indications inscrites sur l'emballage. Bien égoutter.

6. Napper les pâtes de sauce. Saupoudrer de parmesan et garnir du reste du persil.

Tajine de pois chiches et de courge

La courge exige parfois une cuisson plus longue que prévue, surtout s'il n'y a pas beaucoup de liquide dans la mijoteuse. Pour faire un repas gastronomique, ajoutez quelques crevettes crues dans la cocotte 30 minutes avant la fin de la cuisson.

4 portions

Préparation: **25 minutes**

Cuisson: **3 heures**

400 g (2 ⅔ tasses) de courge à chair orange non pelée, en quartiers
400 g (2 tasses) de pois chiches en conserve, rincés et égouttés
3 gousses d'ail, hachées finement
1 morceau de gingembre de 3 cm (1 ¼ po), haché finement
1 gros piment rouge, en tranches fines
2 c. à thé de cumin moulu
2 c. à thé de paprika fort
2 ½ c. à soupe d'huile d'olive
4 c. à thé de citron confit, haché finement
250 ml (1 tasse) de bouillon de légumes
1 petit oignon rouge, en tranches fines
1 poignée de feuilles de persil plat
1 poignée de feuilles de coriandre
1 poignée de feuilles de menthe
Sel et poivre du moulin

1. Régler la mijoteuse à intensité élevée.

2. Dans un grand bol, mettre la courge, les pois chiches, l'ail, le gingembre, le piment, le cumin, le paprika, l'huile d'olive et le citron confit. Saler et poivrer généreusement, puis mélanger avec soin. Verser dans la cocotte de la mijoteuse, puis ajouter le bouillon. Couvrir et cuire pendant 3 heures, jusqu'à ce que la courge soit très tendre.

3. Servir dans une grande assiette. Mélanger l'oignon et les fines herbes dans un bol, puis les disperser sur le tajine.

* sans gluten

Crevettes à la grecque

La lente cuisson à la mijoteuse attendrit le fromage féta et lui donne une texture semblable à celle d'un soufflé. Le féta grec est plus salé et moins friable que celui fabriqué au Québec. Quant au féta bulgare, il a un goût beaucoup plus prononcé que ces derniers.

4 portions

Préparation: **20 minutes**

Cuisson: **2 ½ heures**

2 ½ c. à soupe d'huile d'olive extra vierge
1 oignon rouge, en tranches fines
2 gousses d'ail, hachées finement
2 clous de girofle
1 c. à thé d'origan séché
¼ de c. à thé de muscade ou de macis moulu
400 g (1 ⅔ tasse) de tomates broyées en conserve
4 c. à thé de pâte de tomates
125 ml (½ tasse) de bouillon de légumes
24 crevettes crues, décortiquées et déveinées (garder les queues intactes)
200 g (1 ¼ tasse) de féta grec, émietté grossièrement
1 poignée de persil plat, haché finement
1 poignée d'aneth, haché finement
Sel et poivre du moulin
Quartiers de citron

1. Régler la mijoteuse à intensité élevée.

2. Chauffer 4 c. à thé d'huile d'olive dans une poêle à feu vif. Faire revenir l'oignon avec l'ail environ 5 minutes pour l'attendrir. Ajouter les clous de girofle, l'origan et la muscade, puis retirer du feu. Ajouter les tomates, la pâte de tomates et le bouillon. Saler et poivrer généreusement.

3. Verser le tout dans la cocotte de la mijoteuse. Couvrir et cuire pendant 2 heures, jusqu'à ce que la sauce bouillonne.

4. Disposer les crevettes sur la sauce en évitant qu'elles se chevauchent. Verser le reste de l'huile d'olive, puis assaisonner au goût. Ajouter le féta, le persil et l'aneth. Couvrir et cuire pendant 30 minutes, jusqu'à ce que les crevettes soient roses et cuites à la perfection.

5. Servir dans des bols et accompagner de quartiers de citron.

Casserole de poulet aux pruneaux et aux pommes de terre

Pour les longues cuissons, il est préférable d'utiliser des pommes de terre à chair ferme qui n'auront pas tendance à se défaire dans la sauce contrairement aux variétés farineuses. Il est possible de préparer cette casserole la veille et de la conserver au réfrigérateur. Le lendemain, vous n'aurez plus qu'à la réchauffer juste avant le repas. Son goût sera encore meilleur!

4 portions

—

Préparation: **25 minutes**

—

Cuisson: **3 heures**

8 hauts de cuisse de poulet désossés et sans peau
4 c. à thé d'huile d'olive
2 gros oignons jaunes, en quartiers fins
2 c. à thé de cumin moulu
1 c. à thé de cannelle moulue
1 c. à thé de gingembre moulu
1 c. à thé de ras-el-hanout
375 ml (1 ½ tasse) de bouillon de poulet
4 c. à thé de fécule de maïs
4 c. à thé de mélasse de grenade
1 pincée de filaments de safran
6 petites pommes de terre à chair ferme non pelées, coupées en deux
12 pruneaux dénoyautés
1 poignée de persil plat, haché finement
1 grosse poignée de feuilles de menthe
Sel et poivre du moulin

1. Retirer et jeter le gras de la volaille. Couper les hauts de cuisse en deux et réserver au réfrigérateur.

2. Régler la mijoteuse à intensité élevée.

3. Chauffer l'huile d'olive dans une poêle à feu vif. Faire dorer l'oignon environ 5 minutes pour l'attendrir. Ajouter les épices, puis saler et poivrer généreusement. Retirer du feu.

4. Dans la cocotte de la mijoteuse, mélanger le bouillon, la fécule de maïs, la mélasse et le safran jusqu'à ce que la fécule soit dissoute. Ajouter le contenu de la poêle et remuer. Ajouter le poulet, les pommes de terre, les pruneaux et le persil. Bien mélanger. Couvrir et cuire pendant 2 heures.

5. Remuer et remettre rapidement le couvercle pour ne pas laisser la chaleur s'échapper. Cuire pendant 1 heure, jusqu'à ce que la volaille soit cuite à la perfection et que la sauce soit plus épaisse.

6. Accompagner de feuilles de menthe que les convives pourront utiliser à leur goût pour garnir leur assiette.

Pot-au-feu de fruits de mer et de couscous

Le couscous est employé pour épaissir le pot-au-feu et lui donner une belle texture. Il conserve son caractère croquant sans devenir gluant. On peut préparer la sauce tomate à l'avance et la conserver au réfrigérateur. Environ 30 minutes avant le repas, réchauffez-la dans votre mijoteuse à intensité élevée et, dès qu'elle commence à bouillonner sur le pourtour de la cocotte, poursuivez la recette en faisant les étapes 4 et 5.

4 portions

—

Préparation: **20 minutes**

—

Cuisson: **environ 3 heures**

2 ½ c. à soupe d'huile d'olive extra vierge
1 gros oignon rouge, haché finement
2 gousses d'ail, broyées
½ c. à thé de graines de fenouil
½ c. à thé de flocons de piment
400 g (1 ⅔ tasse) de tomates broyées en conserve
250 ml (1 tasse) de fumet de crustacés
3 lanières de zeste de citron
50 g (¼ de tasse) de couscous à cuisson rapide
12 grosses crevettes crues, décortiquées et déveinées (garder les queues intactes)
16 moules, brossées avec soin
300 g (10 oz) de calmars, en rondelles
Sel et poivre du moulin

1. Régler la mijoteuse à intensité élevée.

2. Chauffer l'huile d'olive dans une poêle à feu moyen. Ajouter l'oignon, l'ail, le fenouil et les flocons de piment. Remuer et retirer du feu dès que les graines commencent à grésiller.

3. Dans la cocotte de la mijoteuse, mettre les tomates, le fumet de crustacés et le zeste de citron. Ajouter le contenu de la poêle, puis saler et poivrer généreusement. Bien mélanger. Couvrir et cuire pendant 2 ½ heures, jusqu'à ce que la sauce bouillonne sur le pourtour de la cocotte.

4. Ajouter rapidement le couscous dans la mijoteuse pour ne pas laisser la chaleur s'échapper, puis les crevettes, les moules et les calmars. Couvrir et cuire de 20 à 30 minutes, jusqu'à ce que les fruits de mer soient cuits et que le couscous ait absorbé presque entièrement le liquide.

5. Servir le pot-au-feu dans un grand plat.

Délice de Bouddha

Les bouddhistes disent que ce plat a le don d'élever notre esprit. Il ne contient pas d'ail, un ingrédient qui nuirait à la clarté mentale à cause de ses propriétés qui excitent le système nerveux.

4 portions

—

Préparation: **20 minutes**

—

Cuisson: **2 ½ heures**

250 ml (1 tasse) de bouillon de légumes
4 c. à thé de sauce soya légère
2 ½ c. à soupe de fécule de maïs
2 c. à thé d'huile de sésame
125 g (¾ de tasse) d'épis de maïs miniatures en conserve, coupés en deux
225 g (1 ⅔ tasse) de tranches de pousses de bambou, égouttées
12 champignons shitakés frais, coupés en deux
12 champignons café
6 pleurotes, déchiquetés en deux
1 morceau de gingembre de 5 cm (2 po), en tranches fines
300 g (10 oz) de tofu mariné, en tranches
1 botte de brocoli chinois (*gai lon*), en morceaux de 5 cm (2 po)
Sel et poivre du moulin

1. Régler la mijoteuse à intensité élevée.

2. Dans la cocotte de la mijoteuse, mettre le bouillon, la sauce soya, la fécule de maïs et la moitié de l'huile de sésame. Saler et poivrer généreusement, puis mélanger pour dissoudre la fécule. Ajouter le maïs, les pousses de bambou, les champignons, le gingembre et le tofu. Couvrir et cuire pendant 1 ½ heure.

3. Ajouter rapidement le brocoli pour ne pas laisser la chaleur s'échapper. Couvrir et cuire pendant 1 heure, jusqu'à ce qu'il soit tendre.

4. Verser le reste de l'huile de sésame. Servir le pot-au-feu dans un grand bol ou le verser dans des bols individuels directement de la mijoteuse.

∗ végétarien ∗ sans gluten

Gourganes, haricots verts et féta à la menthe

Les gourganes en conserve donnent un meilleur résultat que les gourganes fraîches pour cette recette. Quant aux haricots verts, on les met dans la cocotte en fin de cuisson afin que la vapeur les rende tendres et croquants juste comme il faut.

4 portions

Préparation: **20 minutes**

Cuisson: **2 ½ heures**

850 g (4 ¼ tasses) de gourganes en conserve
400 g (1 ⅔ tasse) de tomates en dés en conserve
90 g (½ tasse) de poivron rouge grillé, en lanières
1 gros oignon rouge, haché finement
1 c. à thé de cumin moulu
1 poignée de persil plat, haché finement
1 poignée d'aneth, haché finement
2 ½ c. à soupe d'huile d'olive
150 g (¾ de tasse) de haricots verts, parés
50 g (⅓ de tasse) de féta, émietté
1 poignée de feuilles de menthe
Sel et poivre du moulin

1. Régler la mijoteuse à intensité élevée.

2. Rincer les gourganes à l'eau froide dans une passoire en les séparant avec les mains. Égoutter avec soin et déposer dans la cocotte de la mijoteuse.

3. Ajouter les tomates, le poivron, l'oignon, le cumin, le persil, l'aneth et 4 c. à thé d'huile d'olive. Saler et poivrer généreusement. Couvrir et cuire pendant 2 heures, jusqu'à ce que les gourganes soient très tendres et que la sauce soit plus épaisse.

4. Ajouter rapidement les haricots verts et le reste de l'huile d'olive pour ne pas laisser la chaleur s'échapper. Couvrir et cuire pendant 30 minutes, jusqu'à ce que les haricots soient tendres et croquants.

5. Servir dans des bols. Garnir de féta et de menthe.

Crevettes et riz à la mexicaine

4 portions

Préparation: **20 minutes**

Cuisson: **2 ½ heures**

400 g (1 ⅔ tasse) de tomates entières en conserve

2 ½ c. à soupe de sauce chipotle

1 oignon blanc, haché grossièrement

2 gousses d'ail, hachées grossièrement

1 grosse poignée de coriandre, hachée grossièrement

2 ½ c. à soupe de jus de lime

300 g (1 ½ tasse) de riz blanc à grains longs

500 ml (2 tasses) d'eau

12 crevettes crues, décortiquées et déveinées (garder les queues intactes)

1 poignée de jeunes épinards

1 poignée de feuilles de coriandre

Quartiers de lime

1. Régler la mijoteuse à intensité élevée.

2. Au robot culinaire, réduire les tomates, la sauce chipotle, l'oignon, l'ail, la coriandre et le jus de lime en sauce lisse. Réserver dans un grand bol.

3. Rincer le riz à l'eau froide dans une passoire fine jusqu'à ce que l'eau devienne claire. Bien égoutter et déposer dans la cocotte de la mijoteuse. Ajouter l'eau. Couvrir et cuire pendant 1 ½ heure, jusqu'à ce que le riz ait absorbé presque entièrement le liquide.

4. Déposer les crevettes dans le bol de sauce tomate. Verser doucement sur le riz dans la mijoteuse en veillant à ce que les crevettes ne se chevauchent pas. Couvrir et cuire pendant 1 heure, jusqu'à ce que les crevettes soient roses et cuites à la perfection.

5. Servir dans des bols. Accompagner d'épinards, de coriandre et de quartiers de lime.

Remerciements

La production d'un livre comme celui-ci est un véritable travail d'équipe.

Merci à Jane Morrow, qui m'a proposé ce projet, et à ses collaborateurs Jane Price, Sarah Odgers et Megan Pigott. Je suis aussi très reconnaissant d'avoir pu travailler de nouveau avec mon ancienne collègue Alison Cowan dans le cadre de cette belle aventure humaine et professionnelle.

Je n'aurais pu accomplir l'immense tâche de tester les recettes sans l'aide de ma chère sœur, Susie, et de sa famille toujours heureuse de goûter mes nouveaux plats. Ils ont été mes critiques les plus judicieux et, grâce à eux, il n'y a eu aucun gaspillage! Je suis privilégié d'avoir une sœur qui habite tout près de chez moi.

Je tiens aussi à remercier l'équipe formidable qui a travaillé à la réalisation des magnifiques photos. Vanessa Austin est une véritable magicienne en tant que spécialiste du stylisme culinaire. J'aime la comparer à la gentille sorcière du *Magicien d'Oz*! Quant à Jeremy Simons, c'est un homme adorable qui prend des photos remarquables. (Il a aussi un très beau chien qui s'appelle… Chef!) Merci également à ma nouvelle amie, Meryl Butterworth, une belle âme remplie de talents qui fait aussi des miracles en cuisine.

Quelle équipe! Merci à tous.

Index

L

M

N

O

P

Recettes sans gluten

Recettes végétaliennes

Recettes végétariennes

voir aussi Recettes végétaliennes

Guy Saint-Jean Éditeur
4490, rue Garand
Laval (Québec) Canada H7L 5Z6
450 663-1777
info@saint-jeanediteur.com
saint-jeanediteur.com

Données de catalogage avant publication disponibles à Bibliothèque et Archives nationales du Québec et à Bibliothèque et Archives Canada.

Nous reconnaissons l'aide financière du gouvernement du Canada ainsi que celle de la SODEC pour nos activités d'édition.

Financé par le gouvernement du Canada | Canada SODEC Québec

Gouvernement du Québec – Programme de crédit d'impôt pour l'édition de livres – Gestion SODEC

Publié initialement en 2019 sous le titre *The Healthy Slow Cooker*

Traduction: Linda Nantel
Correction: Émilie Leclerc
Conception graphique de la couverture: Christiane Séguin

Dépôt légal – Bibliothèque et Archives nationales du Québec, Bibliothèque et Archives Canada, 2019

ISBN: 978-2-89758-738-3
PDF: 978-2-89758-748-2

…imé au Canada
…ession, août 2019

…int-Jean Éditeur est membre de
…iation nationale des éditeurs de livres (ANEL).

Guy Saint-Jean Éditeur
4490, rue Garand
Laval (Québec) Canada H7L 5Z6
450 663-1777
info@saint-jeanediteur.com
saint-jeanediteur.com

Données de catalogage avant publication disponibles à Bibliothèque et Archives nationales du Québec et à Bibliothèque et Archives Canada.

Nous reconnaissons l'aide financière du gouvernement du Canada ainsi que celle de la SODEC pour nos activités d'édition.

Financé par le gouvernement du Canada | Canada
SODEC Québec

Gouvernement du Québec – Programme de crédit d'impôt pour l'édition de livres – Gestion SODEC

Publié initialement en 2019 sous le titre *The Healthy Slow Cooker*

Traduction: Linda Nantel
Correction: Émilie Leclerc
Conception graphique de la couverture: Christiane Séguin

Dépôt légal – Bibliothèque et Archives nationales du Québec, Bibliothèque et Archives Canada, 2019

ISBN: 978-2-89758-738-3
PDF: 978-2-89758-748-2

Imprimé au Canada
1re impression, août 2019

ASSOCIATION NATIONALE DES ÉDITEURS DE LIVRES
Guy Saint-Jean Éditeur est membre de l'Association nationale des éditeurs de livres (ANEL).